Dirk Randoll

Schule im Urteil von Lehrern
Ergebnisse einer Befragung von Oberstufenlehrern aus vier alten und einem neuen Bundesland zu ihrer Wahrnehmung von Schule

Studien zur Pädagogischen Psychologie

Herausgegeben von Bernhard Kraak

Band 32

Dirk Randoll

Schule im Urteil von Lehrern

Ergebnisse einer Befragung von
Oberstufenlehrern
aus vier alten und einem neuen Bundesland
zu ihrer Wahrnehmung von Schule

Hogrefe · Verlag für Psychologie
Göttingen · Bern · Toronto · Seattle

Schule im Urteil von Lehrern

Ergebnisse einer Befragung von Oberstufenlehrern aus vier alten und einem neuen Bundesland zu ihrer Wahrnehmung von Schule

von
Dirk Randoll

Hogrefe · Verlag für Psychologie
Göttingen · Bern · Toronto · Seattle

Die Deutsche Bibliothek – CIP-Einheitsaufnahme

Randoll, Dirk:
Schule im Urteil von Lehrern : Ergebnisse einer Befragung von Oberstufenlehrern aus vier alten und einem neuen Bundesland zur ihrerWahrnehmung von Schule / Dirk Randoll. [Deutsches Institut für Internationale Pädagogische Forschung]. - Göttingen ; Bern ; Toronto ; Seattle ; Hogrefe, Verl. für Psychologie, 1995
(Studien zur pädagogischen Psychologie ; Bd. 32)
ISBN 3-8017-0901-9

Satz, Druck und buchbinderische Verarbeitung:
Deutsches Institut für Internationale Pädagogische Forschung
Frankfurt am Main

Kommissionsverlag:
Hogrefe-Verlag GmbH & Co. KG
Göttingen · Bern · Toronto · Seattle

INHALT

1 Einleitung

Wieder einmal ist das staatliche Schulwesen in der Bundesrepublik Deutschland ins Blickfeld des öffentlichen Interesses gerückt und in zunehmendem Maße in unterschiedlichster Hinsicht auch der fachinternen Kritik ausgesetzt. Es vergeht kaum eine Woche, in der man in den Medien nicht etwas über den "Bildungsnotstand" oder über die "Bildungsmisere" an Deutschen Schulen hört, liest oder sieht. Man kann sich dem Eindruck nicht erwehren, daß Schulen für viele Kinder und Jugendliche unattraktiv geworden sind, daß die meisten Schüler der Schule gegenüber ein distanziertes und gleichgültiges Verhältnis haben und daß sie in zunehmenden Maße "schulverdrossener" werden. Eine der Hauptursachen dafür liegt wohl vor allem darin begründet, daß Schule und Lehrer nur unzureichend an dem Selbst- und Wirklichkeitsverständnis der Schüler anknüpfen, indem sie die Interessen, Bedürfnisse und Probleme der Schüler zu wenig in ihre inhaltliche Planung und Gestaltung mit einbeziehen, da sie unter Umständen auch gar nicht immer wissen, was die Schüler tatsächlich beschäftigt und welche Vorlieben, Neigungen, Sorgen und Ängste diese haben (vgl. z.B. Hagstädt & Hildebrand-Nielsohn 1980; Fauser & Schweitzer 1983; Bohnsack 1984; Hurrelmann 1989; Du Bois-Reymond 1992; Eckerle & Kraak 1993; Von Hentig 1993; Beck 1994). Mit Sicherheit sieht sich die Schule heute jedoch auch neuen, komplexeren Erwartungen, Anforderungen und Aufgaben gegenüber als noch vor ein bis zwei Jahrzehnten, doch es hat den Anschein, als habe sie darauf bislang nur unzureichend reagiert. So werden vermehrt Forderungen laut, daß Schule in zunehmendem Maße soziale Unterstützungsleistungen für Schüler erbringen und die Rolle einer Erziehungsinstitution für Kinder und Jugendliche aktiv annehmen und bewußt gestalten müsse (vgl. Hurrelmann 1989), daß Schule Kindern und Jugendlichen einen für sie als angenehm empfundenen sozialen Erfahrungs- und Lebensraum bieten solle (vgl. Von Hentig 1993) und daß sie sich den aktuellen Fragen, Interessen und Problemen Jugendlicher mehr stellen muß, um für Schüler (wieder) aktuell und attraktiv zu sein. Wie immer auch die Forderungen an Schule im Einzelnen lauten, erscheint die Diskussion um eine andersgeartete Bestimmung von Schule, ihren Sinn und ihre Funktion unter den vorfindbaren Bedingungen außerschulischen Geschehens betreffend (z.B. Technisierung, Ökologieprobleme, Arbeits- marktsituation, Gewaltdiskussionen, Ausländerpolitik, Rechtsradikalismus), heute wieder vermehrt von Bedeutung.

Ausgehend von der in der Bundesrepublik Deutschland aktuellen Diskussion über neue Konzeptualisierungen in der Schule ist am Deutschen Institut für Internationale Pädagogische Forschung, Frankfurt/Main, ein Forschungsvorhaben entstanden, um aus der Sicht der Schüler genauer zu untersuchen, wie sie ihre Schule, ihre Lehrer und ihren Unterricht wahrnehmen und beurteilen, welche Erwartungen sie an Schule etc. stellen und in welchen Bereichen Schule ihren Wünschen, Bedürfnissen und Interessen nur unzureichend gerecht wird. Im Rahmen von Ländervergleichen (Belgien, Dänemark, Griechenland, Großbritannien, Frankreich, Italien, Spanien) soll dabei vor allem überprüft werden, inwieweit diese Sichtweise von Schülern über Schule im Zusammenhang mit den organisatorischen und inhaltlichen Strukturen des Schulsystems in der BRD zu sehen ist und welche schulinternen Faktoren für die vermeintliche Sinn- und Funktionskrise von Schule eine Rolle spielen können. Bei dem Projekt **"Wahrnehmung von Schule bei Abiturienten im Europäischen Vergleich"**[1] geht es demnach vor allem darum, mehr darüber in Erfahrung zu bringen, wie Schule bei Schülern aus verschiedenen Ländern der Europäischen Union ankommt, was Schule bei ihnen jeweils bewirkt und wo Schule den Erwartungen, Wünschen und Vorstellungen der Schüler nur ungenügend entspricht. Gefragt wird insbesondere danach, wie Schüler mit dem schulischen Geschehen und mit den schulischen Gegebenheiten interpretierend umgehen, welche Wertungen und Haltungen bei Schülern im Hinblick auf Schule vorherrschend sind und wie Schüler Schule in ihren Lebenskontext einordnen. Dabei werden schwerpunktmäßig die folgenden Fragestellungen bearbeitet:

- Welche Bedeutung hat die Schule für Schüler? Was leistet sie über die reine Wissensvermittlung hinaus für die Orientierung und Persönlichkeitsentwicklung der Jugendlichen?

- In welchem Verhältnis stehen erlebte Kommunikationsmuster, emotionale und soziale Erfahrungen der Schüler zur schulischen Wissensvermittlung und zum Leistungsanspruch von Schule? Welchen Stellenwert nehmen diese Bereiche für Schüler ein und wie sind sie miteinander verknüpft?

---

1 Das Projekt wird von der Kommission der Europäischen Union finanziell gefördert

- Was trägt Schule dazu bei, soziale Fähigkeiten zu fördern und die Schüler als Einzelperson zu würdigen, nicht um zuletzt ihr Selbstwertgefühl und ihr Selbstvertrauen zu stärken?

Zu diesem Zweck wurde von Graudenz & Randoll (1992; 1993; 1994) ein Schülerfragebogen entwickelt, in dem ein weites Spektrum von Schulerfahrungen thematisiert ist und der vor allem die folgenden Inhalte stärker berücksichtigt:

- Identifizierung mit Schule
- Soziale Beziehungen unter Schülern
- Noten/Punkte und schulisches Leistungsprinzip
- Sinn und Funktion von Schule (z.B. erfahrene sozial-emotionale Unterstützung; Entwicklung der Schülerpersönlichkeit in der Schule; Wissensvermittlung)
- Lehrereinfluß auf verschiedene Aspekte der Schülerpersönlichkeit, auf ihren Umgang mit Wissen, auf ihr Lernverhalten etc.
- Wahrnehmung des Lehrerverhaltens, der Lehrerpersönlichkeit und der Lehrer-Schüler-Beziehung durch Schüler
- Urteil der Schüler über Mitschüler (z.B. hinsichtlich Engagement, Mitgestaltung und Mitsprache in der Schule sowie bezüglich der Leistungsorientierung von Schule)
- Geschätzter und gewünschter erzieherischer Einfluß von wichtigen Bezugspersonen auf die Person des Schülers

In einer Pilotstudie wurde die erste Konzeption des Fragebogens an einer Stichprobe junger Erwachsener erprobt (siehe in Graudenz & Randoll 1992) und aufgrund der daraus gewonnenen Erfahrungen und Erkenntnisse überarbeitet und in seine jetzige, endgültige Form gebracht. Der Fragebogen dient als Basis für die in den verschiedenen Ländern der Europäischen Union durchgeführten und noch durchzuführenden Schülerbefragungen. Im Schuljahr 1993/94 wurde eine Erhebung an 916 Gymnasiasten (13. Schuljahr) aus 27 Schulen in vier alten und einem neuen Bundesland durchgeführt. Die ersten Ergebnisse aus dem Vergleich der Schülerwahrnehmungen zwischen Abiturienten aus der BRD und aus Dänemark sind bereits veröffentlicht (Graudenz & Randoll 1994), weitere Ländervergleiche werden folgen.

Bisher wurde demnach schwerpunktmäßig nur eine Sichtweise von Schule thematisiert, allerdings eine wohl sehr bedeutsame; denn es sind vor allem die Schüler, die von Schule profitieren sollten und die Schule als Adressatengruppe ansprechen und erreichen möchte. Ihre Zuschreibungen und Interpretationen von Schule und auch ihre Erwartungen an Schule geben wichtige Hinweise darauf, welchen Sinn und welche Funktion Schule hat bzw. haben sollte, wo Schule ihrer Aufgabe unter Umständen nur unzureichend gerecht wird, welche Veränderungen oder Verbesserungen der schulischen Gegebenheiten gegebenenfalls notwendig erscheinen und welche Spuren die pädagogische Arbeit von Lehrern bei Schülern hinterläßt. Das Wissen um die Schülerwahrnehmungen und um ihre Beurteilung von Schule erscheint daher auch für die Lehrenden von Bedeutung; denn es sind vor allem die Lehrer, die in ihrem Handeln stets mit der von ihnen vermuteten Schülerperspektive umgehen müssen. Insofern sollen die Untersuchungen zur Wahrnehmung von Schule bei Schülern mit dazu beitragen, die Handlungsfähigkeiten und -wirkungen der Lehrer zu intensivieren und ihnen Handlungsorientierungen zu geben. Denn wenn Lehrer ihre Schüler erreichen sowie bei ihnen etwas bewirken wollen und wenn sie den Interessen und Bedürfnissen von Schülern gerecht werden möchten, dann müssen sie ihre vermutete Schülerperspektive anhand der Selbstaussagen der Schüler immer wieder neu auf deren Gültigkeit hin überprüfen und auch bereit sein, ihre Subjektsicht über Schüler gegebenenfalls zu korrigieren, zu relativieren und zu rekonstruieren. In diesem Kontext sind aus den Studien zur Schülerwahrnehmung auch wichtige Impulse für die inhaltliche Gestaltung und Planung der Lehreraus- und der Lehrerfortbildung zu erwarten.

Die aus den Schülerbefragungen in der Bundesrepublik Deutschland gewonnenen Erfahrungen und Erkenntnisse weisen darauf hin, daß viele der befragten Abiturienten ihre Schulzeit zwar als notwendige, jedoch vor allem als lebensfremde, sinnentleerte und erfahrungsarme Phase ihrer Jugend beurteilen. Die in der Schule vermittelten Lerninhalte haben nach Ansicht vieler Schüler wenig mit ihren Interessen zu tun und reine wissenschaftsorientierte Inhalte, die Schülern - in deren Wahrnehmung - zudem zumeist als zerstückeltes, fachgebundenes und fragmentiertes Einzelwissen angeboten werden, vermögen nur bedingt, ihnen Antworten auf die komplexen, vielschichtigen und zum größten Teil ungelösten Probleme unserer Zeit zu geben. Das heißt, daß die für die Schüler relevanten Fragen, ihre aktuellen Probleme und Sorgen in der Schule ihrer Ansicht nach viel zu kurz kommen.

oder dort gar weitgehend ausgeblendet werden. Die Kritik der Schüler richtet sich allerdings nicht nur auf die einseitige Festlegung theoretischer, wissenschaftsorientierter Inhalte sondern in vielen Fällen auch auf die zu starke Leistungsorientierung von Schule und auf den zu hohen Leistungsanspruch in der Schule. Dies wirkt sich im Urteil der Befragten nicht selten einseitig negativ auf das Verhältnis der Schüler zu ihren Lehrern aus, indem Lehrer von den meisten Schülern vorwiegend als Wissensvermittler und als Leistungsbeurteiler wahrgenommen werden, nicht jedoch als gleichwertige Partner, von denen man sozial-emotionale Unterstützungsleistungen erwarten könnte. Die Lehrer werden von ihren Schülern zum Teil sogar geradezu abgewiesen, indem Schüler ihnen kaum einen Einfluß auf diejenigen Aspekte zugestehen, die außerhalb der curricularen, d.h. der lern- und leistungsbezogenen Ebene liegen (z.B. auf verschiedene Dimensionen ihrer Persönlichkeit - wie Selbstvertrauen, Selbstwertgefühl und Kreativität - und auf ihr Wohlbefinden in der Schule). Soziale Unterstützungsleistungen erfahren Schüler in der Schule vor allem von Mitschülern und Freunden, sehr selten jedoch von ihren Lehrern oder von "ihrer Schule". Was Schule für Schüler als Identifikationsobjekt ausmacht, sind in der Tendenz der Schülermeinungen in erster Linie die Gleichaltrigen, die Mitschüler und die Schulfreunde und nicht die Lerninhalte, die Lehrer und der Unterricht. Das heißt, daß die sozial-kommunikative Funktion von Schule in diesem Kontext für Schüler einen weitaus größeren Stellenwert hat, als vergleichsweise die formalen Bildungsangebote und die Lehrer-Schüler-Interaktion.

Es ist nun nicht so, daß die Schüler ihre Schule, ihre Lehrer und den Unterricht etc. durchweg negativ wahrgenommen und beurteilt haben. Vielmehr sind die Befragten in ihrem Antwortverhalten und in ihren Wahrnehmungen zum größten Teil sehr differenziert - und auch selbstkritisch - sowie für Relativierungen ihrer Meinungen durchaus auch offen. Um im Rahmen eines solchen Projektes der schulischen Wirklichkeit auch nur annähernd gerecht werden zu können, erscheint es deshalb wichtig, aus den Untersuchungsergebnissen keine einseitig negative Sichtweise von Schule abzuleiten; das wäre wenig konstruktiv. Vielmehr gilt es, auf offensichtliche Schwachpunkte der Schule aufmerksam zu machen, diese herauszuarbeiten und zur Diskussion zu stellen.

Angesichts der Sichtweisen, die viele Schüler über ihre Schule zum Ausdruck geben, erscheint es fast zwingend, auch die Lehrer zu Wort kommen zu lassen und mehr darüber in Erfahrung zu bringen, wie sich die derzeitige Situation schulischer Bildung bzw. wie sich die vermeintliche Krisenstimmung in den staatlichen Schulen der BRD aus ihrer Perspektive darstellt. Zu fragen ist in diesem Zusammenhang daher, ob und inwieweit Schule nach Meinung der Lehrer bereit und in der Lage ist, sich den veränderten Bedingungen und den an sie herangetragenen Anforderungen zu stellen, d.h. ob und inwieweit sie ihrer Aufgabe, Schüler nicht nur fachlich zu qualifizieren, sondern sie auch in ihrer Persönlichkeits- und Identitätsentwicklung zu fördern und auf die für die Jugendlichen wichtigen Probleme einzugehen, erfüllen kann. Aus der Lehrerperspektive, d.h. aus den Urteilen und Wahrnehmungen der Lehrer soll demnach auch danach gefragt werden, wie Lehrer die zu beobachtende Schulverdrossenheit vieler Schüler bewerten, wie sie damit interpretierend umgehen, welche möglichen Ursachen sie dafür verantwortlich machen und welche Rolle sie sich ggf. selbst dabei zuschreiben.

Mit Sicherheit ist dabei zu erwarten, daß Lehrer andere Situationsdeutungen von Schule vornehmen, als dies bei den Schülern in Erfahrung gebracht werden konnte. Denn Lehrer werden die schulischen Ereignisse aufgrund der an die sie herangetragenen Rollenerwartungen und -zuschreibungen sowie aufgrund ihres Arbeitsauftrages und ihres Status aus einer anderen Perspektive und in einem anderen Kontext wahrnehmen, deuten und interpretieren, als dies die Schüler getan haben. Insofern erscheint die Untersuchung der Wahrnehmung und Beurteilung von Schule durch Lehrer eine sinnvolle und notwendige Ergänzung zu den Schülerwahrnehmungen zu sein, will man sich bei einer Situationsdeutung nicht nur einseitig auf die Schülerperspektive verlassen. Zudem werden Veränderungen von oder Reformen in der Schule mit der Intention, sie schülergerechter, d.h. auch zukunftsorientierter zu gestalten, nur dann in sinnvoller Weise gelingen können, wenn sich diese an den Wünschen und Bedürfnissen ***aller*** beteiligter Personen orientieren. Aus den Wahrnehmungen und Beurteilungen von Schülern konnte bereits ein weites Spektrum von Anregungen für Veränderungsimpulse der Lehrenden und "der Schule" abgeleitet werden (vgl. Graudenz & Randoll 1992; 1993; 1994) und es bleibt zu hoffen, daß auch diese Studie einen Beitrag dazu liefern wird.

Davon ausgehend, daß es vor allem die Lehrer sind, die das nach Außen hin repräsentieren und durch ihr Verhalten das zum Ausdruck bringen bzw. das verwirklichen, was Schule offiziell ausmacht (Lernen, Leistung, Leistungsbeurteilung etc.), wurden die Urteile der Schüler über Schule, Lehrer und Unterricht im Rahmen der Schülerbefragungen vor allem in Abhängigkeit davon betrachtet, wie sich die Interaktion zwischen Lehrern und Schülern gestaltet, d.h. welches Bild Lehrer ihren Schülern über Schule etc. vermitteln. Vice versa resultieren auch die Urteile der Lehrer über Schule vor allem auch aus ihren Schlußfolgerungen, Inferenzen, Verallgemeinerungen und Bewertungen der eigenen Erfahrungen, die sie mit Schule, mit ihrer schulischen Arbeit und vor allem im Umgang mit ihren Schülern machen und gemacht haben. Sie beinhalten daher wichtige Informationen darüber, welche Beziehung Lehrer zu ihren Schülern haben und wie sie diese Beziehung sehen und bewerten, zumal Lehrer vorwiegend eine Rückkopplung ihrer Arbeit durch Beobachtungen der Reaktionen ihrer Schüler bzw. durch interpretative Schlußfolgerungen des Schülerverhaltens erhalten. Insofern definiert sich die Beziehung der Lehrer zur Schule und zu ihrer schulischen Arbeit insbesondere auch aus ihrem Verhältnis zu den Lernenden, den Schülern. Aus der Wahrnehmungsperspektive der Lehrer sind deshalb ebenfalls wichtige Hinweise über die Beziehungsstruktur zwischen Lehrern und Schülern zu erwarten. In einem weiteren Beitrag wird diese Beziehungsstruktur aufgrund des unmittelbaren Vergleichs bzw. aus der Gegenüberstellung der Lehrer- mit der Schülerperspektive näher betrachtet (Randoll, in Vorbereitung) um gegenseitige Erwartungen, Ansprüche und Anforderungen, sowie unerfüllte Hoffnungen und unterschiedliche Situationsdeutungen etc. zwischen Lehrern und Schülern genauer zu beleuchten.

Die vorliegende Arbeit beschäftigt sich demnach vorwiegend mit der Wahrnehmung und Beurteilung der Schule durch die Lehrenden, das heißt mit ihrer Sichtweise von Schule und mit ihrer Meinung über Schüler sowie mit der Einschätzung der eigenen pädagogischen Arbeit, der Rolle als Erziehender bzw. der Funktion als Lehrer. Um in verschiedenster Hinsicht mit den Schülerurteilen vergleichbare inhaltliche Aussagen vornehmen zu können, lag es nahe, den Lehrern dieselben Fragen zur Beantwortung vorzugeben, die den Schülern vorgelegt wurden. Auf der Grundlage des bereits erprobten Schülerfragebogens wurde deshalb ein Lehrerfragebogen entwickelt, der dieselben Inhalte thematisiert, sich jedoch sprachlich an den Bedingungen und Gegebenheiten des Lehrerberufes orientiert. Der Lehrerfragebogen umfaßt daher auch dieselben Inhaltsbereiche und -kategorien (siehe unten). Die Untersuchung der Lehrerwahrnehmungen beschränkt sich entgegen den Studien über die Schülerperspektive aufgrund der damit verbundenen hohen finanziellen und personellen Belastungen allerdings nur auf die Bundesrepublik Deutschland.

2 Stichprobe und Durchführung der Befragung

Befragt wurden Lehrer, die an einem staatlichen Gymnasium SchülerInnen aus der Sekundarstufe II (gymnasiale Oberstufe) unterrichten. Die Befragungen der Lehrer wurden im Schuljahr 1993/94 parallel zu den Schülerbefragungen durchgeführt, und zwar an insgesamt 23 Schulen in fünf Bundesländern (Hamburg, Hessen, Rheinland Pfalz, Saarland und Thüringen; siehe Tabelle 1). Die Rücklaufquote lag (gemessen an den von den Schulen angeforderten Fragebögen und den ausgefüllt zurückgesendeten Bögen) im Durchschnitt bei etwa 18% (in den alten Ländern bei ca. 23%, in Thüringen bei ca. 15%). Die Bereitschaft der Teilnahme an den Befragungen war demnach äußerst gering, so daß die Befunde keinesfalls den Anspruch auf Repräsentativität haben. Vielmehr geben sie "nur" die Meinungen, Einstellungen und Beurteilungen des schulischen Geschehens einer Minderheit der Lehrer in staatlichen Gymnasien wieder. Schwer zu entscheiden ist allerdings, um welche Minderheit es sich dabei handelt. Sind dies Lehrer, von denen man von vornherein ein stärkeres Engagement im Rahmen von Schulentwicklung, Schulveränderung und Schulgestaltung erwarten könnte als von denjenigen, die sich an der Befragung nicht beteiligt haben? Oder sind dies Lehrer, die sich zu dem bekennen (können; möchten), was sie denken und fühlen, und die "nichts zu verbergen haben", weil sie unter Umständen von ihrer Arbeit überzeugt sind und dies auch zum Ausdruck geben möchten? Es bleibt daher unklar, welches Lehrerbild in dieser Studie erfaßt worden ist bzw. inwieweit dieses Bild der schulischen Wirklichkeit aus der Perspektive der Lehrenden entspricht. Unklar bleibt daher auch, ob die aus den Befunden zu ziehenden Schlußfolgerungen für die gymnasiale Oberstufe i.a. zutreffend sind. Die Begrenzung der Aussagefähigkeiten und von Interpretationsspielräumen empirischer Befunden ist bei derartigen Untersuchungen aufgrund entsprechender u.a. methodischer Schwierigkeiten bekanntermaßen immer ein Problem, man muß sich diese Schwierigkeiten daher stets immer wieder aufs Neue bewußt machen. Der Hinweis erscheint deshalb an dieser Stelle angebracht, daß die Teilwirklichkeiten, die mit dieser Studie erfaßt worden sind, auch aufgrund der geringen Rücklaufquoten nicht überinterpretiert werden dürfen. Dies gilt in besonderem Maße für die Befragungsergebnisse aus dem neuen Bundesland Thüringen, da die Stichprobengröße dort viel zu klein ist, um auch nur annäherungsweise "gesicherte" Trendaussagen über die Meinungen und Urteile der Lehrer über Schule etc. machen zu können.

Tabelle 1: Anzahl der an der Befragung beteiligten Schulen und Lehrer

Bundesland	N-Lehrer	N-Schulen
Hamburg	74	4
Hessen	87	5
Rheinland-Pfalz	68	7
Saarland	6	2
SUMME	**235**	**18**
Thüringen	**59**	**5**

In Tabelle 2 sind die personenbezogenen Daten der in dieser Untersuchung befragten Lehrer (BRD-West; BRD-Ost) wiedergegeben. Demnach sind die Lehrer aus dem Bundesland Thüringen um ca. sieben Jahre jünger als ihre Kolleginnen und Kollegen aus den alten Ländern (entsprechend ist auch die Anzahl ihrer Dienstjahre niedriger), und der Anteil weiblicher Probanden ist in Thüringen wesentlich größer.

Tabelle 2: Personenbezogene Daten der Lehrer

	Alter	männlich	weiblich	Dienstjahre
Alte Länder	47,7 (30 - 65)	63%	31%	19,9 (1 - 40)
Thüringen	40,2 (25 - 62)	20%	66%	17,4 (3 - 41)

Die Lehrer nahmen Stellung zu folgenden Inhaltsbereichen (die einzelnen Inhaltsbereiche umfassen unterschiedlich viele Inhaltskategorien; der den Lehrern vorgegebene Fragebogen befindet sich im Anhang):

1. **Urteil über Schule** (z.B. Identifizierung mit Schule und dem Beruf; Noten/Punkte und schulisches Leistungsprinzip; Berufsorientierung von Schule).

2. **Sinn und Funktion von Schule** (z.B. Unterstützung und Persönlichkeitsförderung von Schülern; Wissensvermittlung).

3. **Lehrereinfluß** (z.B. auf die Persönlichkeitsentwicklung des Schülers, auf das Lernverhalten und auf soziale Fähigkeiten der Schüler).

4. **Lehrerselbstbild** (z.B. hinsichtlich eigener psychologisch-pädagogischer Fähigkeiten, der Beziehung zu Schülern und des selbstkritischen Verhaltens)

5. **Lehrer über Schüler** (z.B. im Hinblick auf Engagement, Mitgestaltung und Mitverantwortung der Schüler in der Schule, ihre Einstellung und ihr Verhalten gegenüber Lehrern sowie ihrer schulischen Leistungen).

6. **Geschätzter und gewünschter erzieherischer Einfluß der Lehrer auf Schüler**

Die drei am stärksten besetzten Inhaltskategorien sind:

- Persönlichkeitsentwicklung und -förderung der Schüler;
- Wissensvermittlung, Leistung und Lernverhalten;
- soziales Lernen.

3 Auswertung und Beschreibung der Ergebnisse

Die meisten Antworten der Befragten liegen in Form von Skalenpunkten vor. Bei der Ergebnisdarstellung werden die prozentualen Häufigkeiten der gewählten Antwortkategorie mitgeteilt, wobei die Kategorien für Zustimmungen (z.B. *"trifft zu"; trifft etwas zu"*) und für Ablehnungen (z.B. *"trifft nicht ganz zu"; "trifft nicht zu"*) zum größten Teil zusammenfassend betrachtet werden. Wenn der Unterschied der prozentualen Häufigkeiten zwischen den Skalenpunkten für z.B. Zustimmung und/oder Ablehnung sowie bei den Nicht-Beantwortungen relativ groß ist (z.B. > 10%), dann wird verbal darauf hingewiesen. Bedeutsame Mittelwertsunterschiede (T-Test für unabhängige Stichproben) zwischen den Teilstichproben "männlich versus weiblich" wurden aufgrund des geringen Stichprobenumfangs in Thüringen lediglich für die Befragten aus den alten Ländern errechnet, sie werden im Ergebnisteil ebenfalls verbalisiert. Allerdings kommen diese eher selten vor, was darauf schließen läßt, daß zwischen den befragten Lehrerinnen und Lehrern keine wesentlichen Unterschiede im Antwortverhalten erkennbar sind und von daher beide Teilstichproben Schule, Schüler etc. anscheinend in ähnlicher Weise wahrnehmen und beurteilen. Aufgrund der geringen Stichprobengröße bei den Lehrern aus Thüringen wurde ebenfalls auf die Überprüfung von Mittelwertsunterschieden zwischen den beiden Teilstichproben ("ostdeutsche - wesdeutsche Lehrer") verzichtet. Vielmehr wird im Ergebnisteil beschreibend auf entsprechende Tendenzen bzw. Unterschiede im Antwortverhalten der Befragten hingewiesen. Für die Stichprobe aus den alten Ländern wurden Varianzanalysen durchgeführt, um Schul- und Ländereffekte auf ihre statistische Signifikanz hin zu überprüfen. Diese ergaben allerdings keine nennenswerten Unterschiede, so daß die von den Befragten im Fragebogen zum Ausdruck gebrachten Meinungen, Einstellungen und Wahrnehmungen als unabhängig von der jeweiligen Schule, in der die Lehrer unterrichteten, als auch als unabhängig vom jeweiligen Bundesland zu betrachten sind.

3.1 Urteil über Schule und über Schüler

Im folgenden werden die Ergebnisse z.T. aus zwei Fragebogenbereichen gegenübergestellt, weil sie zwei unterschiedliche Sichtweisen der Lehrer zu vergleichbaren Aspekten von Schule repräsentieren. Der erste Fragebogenbereich umfaßt 44 Aussagen (5-stufige Antwortmöglichkeit: *"trifft zu"* bis *"trifft nicht zu"*) zu folgenden Inhalten:

- Akzeptanz von Schule
- Einschränkungen, Reglementierungen, Mitsprache- und Einflußmöglichkeiten
- Zeit in der Schule
- Noten/Punkte und schulische Leistungen
- Identifizierung mit Lerninhalten
- Akzeptanz der Schülerpersönlichkeit und Lehrer-Schüler-Beziehung
- Psychologisch-pädagogische Fähigkeiten der Lehrer
- Lehrerverhalten und -persönlichkeit
- Sonstiges

Der andere Teil des Fragebogens betrifft die Frage, wie Lehrer das Verhalten von Schülern in der Schule und im Unterricht sowie deren Verhältnis bzw. Einstellung zur Schule - z.B. zu schulischem Arbeiten und Lernen - wahrnehmen und beurteilen (27 Items; 4-stufige Antwortmöglichkeit: *"Die meisten ..."; "Viele ..."; "Einige ..."; "Wenige Schüler"*). Während es beim ersten Teil um Aussagen der Lehrer zu einem bestimmten Sachverhalt geht, d.h. um die Erfragung *ihrer eigenen Meinung* zu einem bestimmten Aspekt von Schule, wird bei dem anderen Fragebogenbereich *die Meinung der Lehrer über Schüler* sowie *die von den Lehrern vermutete Meinung ihrer Schüler* aus der gymnasialen Oberstufe erfragt, d.h. wie Lehrer ihre Schüler im Hinblick auf einen bestimmten Aspekt von Schule einschätzen. Aus dem Vergleich zwischen dem Selbstbild der Lehrer und ihrem Bild, das sie über ihre Schüler haben, ergeben sich *aus der Perspektive der Lehrer* daher wichtige Anhaltspunkte darüber, welche Rolle oder Funktion Lehrer sich selbst in Relation zu ihren Schülern im Rahmen der Erfüllung des "Auftrags von Schule" zuschreiben, d.h. welche Erwartungen, Einstellungen, Interessen, Bedürfnisse und Wahrnehmungen die Lehrer und die Schüler gegenüber Schule jeweils haben und in welcher Hinsicht sich Lehrer und Schüler in ihren wechselseitigen Erwartungen, Interessen etc. voneinander unterscheiden. Insofern sind aufgrund dieses Vergleichs auch wichtige Hinweise über die Art und die Struktur der in der Schule zwischen Lehrern und Schülern ständig stattfindenden Interaktionsprozesse zu erwarten.

3.1.1 Akzeptanz von Schule

Insgesamt gesehen lassen die Antworten der Lehrer zu dieser Kategorie auf eine große Akzeptanz von Schule sowie auf einen hohen Grad an Identifizierung mit Schule und dem Beruf des Lehrers schließen. So fühlt sich die überwiegende Mehrzahl der Lehrer (88% der Lehrer-West und 91% der Lehrer-Ost) nach eigenen Angaben in ihrer Schule wohl und es ist ebenfalls die überwiegende Mehrzahl, die angibt, gerne Lehrer zu sein. Prozentual mehr ost- (83%) als westdeutsche Lehrer (68%) stört es hingegen, wenn jemand schlecht über die Schule spricht, an der sie unterrichten.

Trotz dieser positiven Selbsteinschätzungen hinsichtlich der allgemeinen Berufszufriedenheit der Befragten meinen immerhin 20% der Lehrer aus den alten Ländern und 26% der Lehrer aus Thüringen, daß sie - wenn sie heute nochmals wählen könnten - einen anderen Beruf als den des Lehrers ergreifen würden und es sind 15% der Lehrer-West bzw. 17% der Lehrer-Ost, die oft das Gefühl haben, etwas Sinnvolleres machen zu wollen, als in der Schule zu arbeiten. In vergleichbarer Häufigkeit fühlen sich die Lehrer nach eigenen Angaben in der Schule nur einseitig gefordert (Lehrer-West: 16%; Lehrer-Ost: 15%). Dagegen glauben nur 9% der Lehrer aus den westlichen Bundesländern und nur 5% der Lehrer aus Thüringen, den Anforderungen in der Schule häufig nicht gewachsen zu sein. Für die überwiegende Mehrzahl der Lehrer aus beiden Stichproben trifft dies jedoch nicht/nicht ganz zu.

3.1.2 Einschränkungen, Reglementierungen, Mitsprache- und Einflußmöglichkeiten

Die Befunde zur Akzeptanz und zur Identifizierung mit Schule und dem Lehrerberuf werden etwas relativiert, wenn es um das Erfragen konkreter Arbeitsbedingungen oder um die Beurteilung der Einfluß- bzw.

Mitsprachemöglichkeiten der Lehrer in der Schule geht. So fühlt sich in etwa die Hälfte der Befragten durch zu viele Reglementierungen und Vorschriften in ihrer Arbeit als Lehrer eingeschränkt, für 37% der west- und für 45% der ostdeutschen Lehrer trifft dies hingegen nicht/nicht ganz zu. Ebenfalls etwa die Hälfte der Befragten aus beiden Stichproben fühlt sich durch Schule (Unterrichtsvorbereitungen; Korrigieren von Arbeiten etc.) in ihrer Freizeit sehr eingeschränkt, ca. ein Drittel der Lehrer aus beiden Stichproben kreuzte *"trifft nicht zu"/"trifft nicht ganz zu"* an. 42% der west- (15% *"trifft zu"*; 27% *"trifft etwas zu"*) und 36% der ostdeutschen Lehrer (7% *"trifft zu"*; 29% *"trifft etwas zu"*) sind der Auffassung, daß sie bei wichtigen schulischen Entscheidungen Einfluß nehmen können, für 43% der west- und für 50% der ostdeutschen Lehrer trifft dies hingegen nicht/nicht ganz zu.

Zusammenfassend vertritt demnach etwa die Hälfte der Lehrer die Meinung, bei wichtigen schulischen Entscheidungen keine Einfluß- und Mitsprachemöglichkeiten zu haben, sich durch zu viele Reglementierungen in ihrer Arbeit eingeschränkt zu fühlen und aufgrund zu hoher Arbeitsbelastungen Einschränkungen in ihrer Freizeit zu erfahren.

3.1.3 Zeit in der Schule

Wie bereits betont, fühlt sich in etwa die Hälfte der Lehrer aus beiden Stichproben durch Schule (Unterrichtsvorbereitungen; Korrigieren von Arbeiten etc.) in ihrer Freizeit sehr eingeschränkt, für etwa ein Drittel trifft dies hingegen nicht/nicht ganz zu.

Daß die Schulzeit bis zum Abitur verkürzt werden sollte, wird von 20% der west- und von 30% der ostdeutschen Lehrer als zutreffend/etwas zutreffend angegeben. Obwohl Schüler im Bundesland Thüringen das Abitur bereits nach 12 Schuljahren absolvieren können, sprechen sich demnach prozentual mehr ost- als westdeutsche Lehrer für eine Schulzeitverkürzung bis zum Abitur aus.

3.1.4 Noten/Punkte und schulische Leistungen

Insgesamt gesehen weisen die Befunde zu dieser Inhaltskategorie darauf hin, daß die Mehrzahl der Lehrer (prozentual etwas mehr ost- als westdeutsche) den Noten/Punkten einen hohen Stellenwert, und damit den Leistungsbeurteilungen in der Schule eine große Bedeutung beimessen. So glauben etwas weniger als drei Viertel der west- (73%) gegenüber der Mehrzahl der ostdeutschen Lehrer (82%), daß Noten/Punkte für Schüler ein Ansporn sind, mehr zu leisten und 61% der west- gegenüber 79% der ostdeutschen Lehrer können sich eine Schule ohne Noten/Punkte nicht vorstellen. Entsprechend verneinen auch 64% der west- und 83% der ostdeutschen Lehrer die Aussage, daß schulisches Lernen ohne Noten/Punkte sinnvoller wäre. Immerhin sind es demnach annähernd ein Drittel der Lehrer aus den alten Ländern, die sich eine Schule ohne Noten/Punkte durchaus vorstellen könnten bzw. es sind 21%, die die Auffassung vertreten, schulisches Lernen ohne Noten/Punkte wäre sinnvoller.

Im Hinblick auf die Inhaltskategorie *"schulische Leistungen"* ergibt sich folgendes Bild: 41% der west- gegenüber 52% der ostdeutschen Lehrer sind der Meinung, daß Schule zu einseitig auf Leistung ausgerichtet sei, für 43% der west- und für 36% der ostdeutschen Lehrer trifft dies nicht/nicht ganz zu. Auch vertreten mehr als ein Drittel (35%) der west- und 42% der ostdeutschen Lehrer die Auffassung, daß leistungsschwächere Schüler in der Schule zu kurz kommen würden.

In diesem Zusammenhang sind die Ergebnisse zum Urteil der Lehrer über Schüler von Interesse, d.h. wie Schüler im Urteil der Lehrer die angesprochenen Aspekte schulischer Leistungen beurteilen. Daß Schüler Schule als rigide Lern- und Leistungsanstalt erleben würden, trifft für für etwa gleich viele Lehrer aus den alten Ländern und aus Thüringen für die meisten (West: 6%; Ost: 9%)/viele (West: 40%; Ost: 42%) wie auch für einige (West: 35%; Ost: 27%)/wenige (West: 19%; Ost: 15%) Schüler zu. In vergleichbarer Häufigkeitsverteilung geben die Lehrer an, daß die meisten/viele Schüler Schule als Ort empfinden, der durch Leistungsdruck und Konkurrenz bestimmt ist (Lehrer-West: die meisten 9%; viele 45%:, einige 32%; wenige 12%; Lehrer-Ost: die meisten 15%; viele 37%; einige 29%; wenige 14%). D.h., daß die Hälfte der Lehrer die Meinung vertritt, die meisten/viele Schüler würden Schule als rigide Lern- und Leistungsanstalt erleben bzw.

Schule als Ort empfinden, der durch Leistungsdruck und Konkurrenz bestimmt ist. Erinnert sei daran, daß etwa die Hälfte der Lehrer der Auffassung ist, Schule sei zu einseitig auf Leistung ausgerichtet.

Unterschiedliche Ergebnistendenzen zwischen den beiden Beurteilungsperspektiven bzw. Fragebogenbereichen (eigene Meinung der Lehrer; Meinung der Lehrer über Schülermeinungen) ergeben sich bei der folgenden Aussage: Während die Mehrzahl der Lehrer aus Thüringen und etwa zwei Drittel der Befragten aus den alten Ländern die Aussage verneint hatte, daß schulisches Lernen ohne Noten/Punkte sinnvoller wäre, glauben immerhin ein Drittel der west- (32%) und 46% der ostdeutschen Lehrer, daß die meisten (West: 8%; Ost: 12%)/viele (West: 24%; Ost: 34%) Schüler an Schule mehr Spaß haben würden, wenn es keine Noten/Punkte geben würde.

3.1.5 Identifizierung mit Lerninhalten

Die Mehrzahl der Lehrer aus dem Bundesland Thüringen (80%) gegenüber etwas weniger als zwei Drittel der westdeutschen Lehrer (62%) finden die meisten Lerninhalte in der Schule nach eigenen Angaben sinnvoll; 14% der west- bzw. 12% der ostdeutschen Lehrer können dem allerdings nicht zustimmen. Annähernd die Hälfte der ost- und der westdeutschen Lehrer ist jedoch gleichermaßen der Auffassung, in der Schule würde zu viel Wissen vermittelt, das ohne Bezug zu den gegenwärtigen Interessen der Schüler steht; 34% der west- und 39% der ostdeutschen Lehrer können dem nicht zustimmen. Ferner glauben 30% der west- und 24% der ostdeutschen Lehrer, daß gesellschaftlich relevante Themen im Unterricht einen zu geringen Stellenwert haben würden, für mehr als die Hälfte trifft dies hingegen nicht/nicht ganz zu.

Auch im Zusammenhang mit der Thematik *"Identifizierung mit Lerninhalten"* sind die Ergebnisse zum Urteil der Lehrer über Schüler von Interesse, d.h. wie die angesprochenen Aspekte der Identifizierung mit Lerninhalten bei Schülern aus der Sicht der Lehrer beurteilt werden.

73% der West- gegenüber 51% der ostdeutschen Lehrer sind der Meinung, daß nur einige (West: 51%; Ost: 36%)/wenige (West: 10%; Ost: 10%) Schüler die meisten Lerninhalte in der Schule sinnvoll finden würden (bei den Lehrern war es die Mehrzahl, die die meisten Lerninhalte in der Schule sinnvoll findet). 52% der west- gegenüber 32% der ostdeutschen Lehrer meinen, daß die meisten (West: 9%; Ost: 3%)/viele (West: 43%; Ost: 29%) Schüler nur die wenigsten Lerninhalte persönlich ansprechen würden, 45% der west- und 62% der ostdeutschen Lehrer kreuzten einige (West: 35%; Ost: 48%)/wenige (West: 10%; Ost: 14%) Schüler an. Etwa drei Viertel der west- und zwei Drittel der ostdeutschen Lehrer sind der Auffassung, daß die meisten/viele Schüler im Grunde genommen immer nur vor der nächsten Arbeit und nur für Noten/Punkte lernen würden (siehe dazu die jeweiligen Befunde im Anhang).

64% der West- und 55% der Ost-Lehrer geben an, daß die meisten (West: 13%; Ost: 9%)/viele (West: 51%; Ost: 46%) Schüler glauben, in der Schule würde zuviel Wissen vermittelt, das ohne Bezug zu den gegenwärtigen Interessen der Schüler steht (West: einige 32%; wenige 4%; Ost: einige 36%; wenige 3%). Erinnert sei daran, daß annähernd die Hälfte der ost- und der westdeutschen Lehrer dies ebenfalls zum Ausdruck gebracht hatte. In der Tendenz stimmt die Meinung der Lehrer mit der Schülereinschätzung durch Lehrer demnach weitgehend überein, wonach in etwa die Hälfte der Befragten die Interessen der Schüler bei der Wissensvermittlung in der Schule zu wenig berücksichtigt sieht.

39% der West- und 20% Ost-Lehrer geben zum Ausdruck, daß sich die meisten (West: 6%; Ost: 0%)/viele (West: 33%; Ost: 20%) Schüler in der Schule nur einseitig gefordert fühlen, für 63% der west- und 66% der ostdeutschen Lehrer trifft dies für einige (West: 46%; Ost: 51%)/wenige (West: 13%; Ost: 15%) Schüler zu. Hingegen glauben mehr als zwei Drittel der Befragten, daß "nur" einige (West: 59%; Ost: 58%)/wenige (West und Ost 10%) Schüler Spaß daran haben würden, in der Schule etwas zu lernen.

Insgesamt gesehen weisen die Befunde darauf hin, daß Lehrer die schulischen Lerninhalte in stärkerem Maße akzeptieren und sich besser damit identifizieren können als sie dies bei ihren Schülern vermuten bzw. ihren Schülern zuschreiben. Die Befragten geben vielmehr deutlich zum Ausdruck, daß "nur" einige/wenige Schüler Spaß daran haben würden, in der Schule etwas zu lernen, daß die meisten/viele Schüler vor allem für Noten/Punkte bzw. nur für die nächste Arbeit lernen und daß die Schüler die Lerninhalte in der Tendenz wenig sinnvoll finden. Ferner haben die schulischen Lerninhalte eher wenig mit den persönlichen Interessen der Schüler zu tun. Dabei fallen die Urteile der ostdeutschen Lehrer über die Identifizierung von Lerninhalten bei ihren Schülern in der Tendenz der prozentualen Häufigkeitsverteilungen etwas günstiger aus als die ihrer Kolleginnen und Kollegen aus den alten Ländern.

Wie beurteilen die befragten Lehrer angesichts der Befunde zur Identifizierung der Schüler mit Lerninhalten ihre Schüler nun im Hinblick auf die Akzeptanz der Schule? Etwas weniger als zwei Drittel der west- (die meisten: 23%/viele: 40%) und etwas mehr als zwei Drittel der ostdeutschen Lehrer (die meisten: 27%/viele: 41%) sind der Auffassung, daß die meisten/viele Schüler Schule als notwendige Durchgangsphase betrachten, um danach das machen zu können, was ihnen (den Schülern) gefällt. Daß die meisten/viele Schüler oft das Gefühl haben, etwas sinnvolleres machen zu wollen, als zur Schule zu gehen, glauben hingegen nur 27% der west- und 15% der ostdeutschen Lehrer. Obwohl in etwa zwei Drittel der Lehrer demnach die Meinung vertreten, daß die meisten/viele Schüler Schule als notwendige Durchgangsphase betrachten, um danach das machen zu können, was ihnen gefällt, können sich nur wenige der Befragten vorstellen, daß Schüler das Gefühl haben, etwas sinnvolleres machen zu wollen, als zur Schule zu gehen. Damit verbunden ist mit Sicherheit auch die Frage nach den Alternativen für die Schüler zum Schulbesuch bzw. zu schulischem Lernen und Arbeiten.

3.1.6 Akzeptanz der Schülerpersönlichkeit und Lehrer-Schüler-Beziehung

Die Lehrer-Schüler-Beziehung ist im Urteil der Lehrer durch ein hohes Maß an Akzeptanz der Schülerpersönlichkeit, durch ein großes Interesse an dem Schüler als Person und durch ein gleichwertiges, partnerschaftliches Verhältnis geprägt. So sind annähernd alle Lehrer nach eigenen Angaben an den Einstellungen, Meinungen und Gefühlen der Schüler interessiert und der Auffassung, für ihre Schüler ein verständnisvoller Gesprächspartner zu sein. Ferner treten 83% der west- und 74% der ostdeutschen Lehrer nach eigenen Einschätzungen für die Interessen ihrer Schüler ein (z.B. um Schüler gegenüber Kollegen zu verteidigen) und die überwiegende Mehrzahl der Lehrer - prozentual mehr ost- (95%) als westdeutsche Lehrer (81%) - empfindet die Beziehung zu ihren Schülern als partnerschaftlich. Während die überwiegende Mehrzahl der Lehrer aus Thüringen angibt, am Aufbau eines freundschaftlichen Verhältnisses zu Schülern interessiert zu sein, trifft dies vergleichsweise für nur etwas mehr als drei Viertel der Befragten aus den alten Ländern zu bzw. etwas zu. Allerdings ist es immerhin auch für 41% der West- und für 67% der Ost-Lehrer das Wichtigste, ihren Schülern fachliche Kenntnisse zu vermitteln; für 39% der west- und 20% der ostdeutschen Lehrer trifft dies nicht/nicht ganz zu (wobei offen bleibt, ob dies einem partnerschaftlichen und/oder freundschaftlichen Verhältnis zu Schülern entgegensteht). 71% der west- gegenüber 50% der ostdeutschen Lehrer glauben, für ihre Schüler Vorbildcharakter zu haben (25% der west- und 33% der ostdeutsche Lehrer kreuzten *"weder noch"* an).

Das Bild einer gleichwertigen und partnerschaftlichen Beziehung der Lehrer zu ihren Schülern spiegelt sich auch im Antwortverhalten der Befragten zu ihrer Kooperations- und Kompromißbereitschaft gegenüber Schülern wider. So beteiligen etwa zwei Drittel der west- und die überwiegende Mehrzahl der ostdeutschen Lehrer nach eigenen Angaben ihre Schüler an wichtigen schulischen und unterrichtlichen Belangen (für 14% der westdeutschen Lehrer trifft dies nicht/nicht ganz zu bzw. 19% der Lehrer-West kreuzten *"weder noch"* an) und die überwiegende Mehrzahl der Lehrer beider Stichproben ist der Meinung, ihren Schülern gegenüber kompromißbereit zu sein.

Diese sehr optimistisch anmutenden Selbsteinschätzungen der Lehrer im Hinblick auf ihre Beziehung und auf ihr Verhältnis zu Schülern relativieren sich, wenn man die Befunde zu dem, was Lehrer über ihre Schüler in dieser Hinsicht zum Ausdruck bringen, betrachtet. Während die überwiegende Mehrzahl der Lehrer aus Thüringen bzw. drei Viertel der Befragten aus den alten Ländern daran interessiert sind, ein freundschaftliches Verhältnis zu Schülern aufzubauen, glauben 41% der west- und 26% der ostdeutschen Lehrer, daß sich die meisten (West: 16%; Ost: 9%)/viele (West: 25%; Ost: 17%) Schüler wünschen würden, der Kontakt zu ihnen als Lehrer bliebe auf schulische Angelegenheiten begrenzt. Während ferner die überwiegende Mehrzahl der ostdeutschen und mehr als drei Viertel der westdeutschen Lehrer nach eigenen Angaben den Anspruch hat, Schüler zu erziehen, meinen 37% der west- und 19% der ostdeutschen Lehrer, daß die meisten (14%; 9%)/viele (23%; 10%) Schüler von ihnen als Lehrer nicht erzogen werden möchten (30% der west- und 34% der ostdeutschen Lehrer kreuzten "einige" und 28% der Lehrer-West bzw. 31% der Lehrer-Ost "wenige Schüler" an).

Weitere Befunde zum Lehrer-Schüler-Verhältnis zeigen, daß nach Meinung der überwiegenden Mehrzahl der Lehrer nur einige/wenige Schüler in ihnen als Lehrer einen Gegner sehen würden (14% der Ost-Lehrer antworteten darauf nicht) und daß die meisten/viele Schüler ihnen als Lehrer Höflichkeit entgegenbringen würden. Ferner glauben 86% der west- und 85% der ostdeutschen Lehrer, daß nur einige/wenige Schüler die Schuld von Mißerfolgen und schlechten Schulleistungen den Lehrern zuschreiben würden.

Insgesamt gesehen schätzen die Lehrer ihre Beziehung und ihr Verhältnis zu Schülern in der Tendenz positiver bzw. günstiger ein als sie es bei ihren Schülern vermuten. Darüber hinaus beteiligen prozentual mehr ost- als westdeutsche Lehrer ihre Schüler an schulischen und unterrichtlichen Belangen und es sind ebenfalls prozentual mehr Lehrer aus Thüringen, die an einem freundschaftlichen Verhältnis zu Schülern interessiert sind und die bei Schülern ein Interesse an einem freundschaftlichen Verhältnis zu ihnen als Lehrer vermuten.

3.1.7 Psychologisch-pädagogische Fähigkeiten von Lehrern

Auch in Bezug auf die psychologisch-pädagogischen Fähigkeiten und auf das konkrete Lehrerverhalten schätzen sich die Befragten aus beiden Stichproben sehr günstig und als äußerst kompetent ein. Wie bereits betont, glaubt die Mehrzahl der Lehrer, für ihre Schüler ein verständnisvoller Gesprächspartner zu sein. Auch nimmt sich die überwiegende Mehrzahl der Lehrer nach eigenen Angaben Zeit für die Probleme der Schüler. Während prozentual mehr west- (76%) als ostdeutsche Lehrer (41%) der Meinung sind, daß sie gut mit persönlichen Problemen von Schülern umgehen können, glaubt die Mehrzahl sowohl der West- (83%) wie auch der Ost-Lehrer (87%), gut mit schulischen Problemen ihrer Schüler umgehen zu können. 73% der West- und 69% der Ost-Lehrer sind für Schüler nach eigenen Angaben gute Berater, wenn es um schulrelevante Dinge geht.

Die überwiegende Mehrzahl der Lehrer ist ferner der Meinung, sich in die Gedanken und Gefühle ihrer Schüler einfühlen zu können (Lehrer-West: 82%; Lehrer-Ost: 98%) und 68% der West- gegenüber 80% der Ost-Lehrer glauben von sich, die Ängste, Befürchtungen und Sorgen der Schüler zu kennen (12% der West- gegenüber 3% der Ost-Lehrer kreuzten trifft nicht/nicht ganz zu an). Dagegen verneinen 85% der West- und 97% der Ost-Lehrer die Aussage, für viele Befürchtungen, Ängste und Probleme der Schüler kein Verständnis zu haben. Dennoch geben immerhin 32% der West- und 27% der Ost-Lehrer an, daß ihnen die notwendigen Kenntnisse und Erfahrungen fehlen würden, um Schülern bei der Bewältigung ihrer Ängste, Befürchtungen und Sorgen unterstützen zu können (für 50% der west- und für 59% der ostdeutschen Lehrer trifft dies hingegen nicht/nicht ganz zu).

Aus dem Antwortverhalten der Befragten geht deutlich hervor, daß Lehrer glauben, ihren Schülern gegenüber einfühlsam zu sein, die Ängste, Befürchtungen und Sorgen der Schüler zu kennen und Verständnis für die Befürchtungen und Ängste ihrer Schüler zu haben. Mit einer Ausnahme (Umgang mit persönlichen Problemen von Schülern) fallen die Urteile der Lehrer aus Thüringen über ihre psychologisch-pädagogischen Fähigkeiten - entsprechend der prozentualen Häufigkeitsverteilungen - allerdings günstiger aus als die ihrer Kolleginnen und Kollegen aus den alten Ländern.

3.1.8 Lehrerverhalten und -persönlichkeit

Die überwiegende Mehrzahl der Lehrer verneint die Aussage, Schülern gegenüber oft unsicher zu sein, etwas mehr als ein Viertel der Lehrer (jeweils 28%) ist hingegen der Meinung, Schülern gegenüber oft ungeduldig zu sein. 40% der West- und 31% der Ost-Lehrer zeigen Schülern nach eigenen Angaben nicht immer, was sie wirklich denken und fühlen, 49% der West- und 54% der Ost-Lehrer kreuzten *"trifft zu"/"trifft etwas zu"* an und geben demnach dadurch zu verstehen, daß sie ihren Schülern gegenüber (immer) zeigen, was sie denken und fühlen.

Im Hinblick auf die Selbsteinschätzung des selbstkritischen Verhaltens von Lehrern ergibt sich folgendes Bild: Die überwiegende Mehrzahl der Lehrer (86% West; 80% Ost) verneint die Aussage, Schülern gegenüber eigene

Fehler und Schwächen nur sehr schwer zugeben zu können. Ebenfalls sieht die überwiegende Mehrzahl der Lehrer aus beiden Stichproben ihr Fach nach eigenen Angaben auch selbstkritisch.

Ein etwas anderes Bild ergibt sich bei den Einschätzungen der Lehrer über das selbstkritische Verhalten ihrer Schüler. 38% der West- und 34% der Ost-Lehrer sind der Auffassung, daß die meisten/viele Schüler Fleiß und Pünktlichkeit von Lehrern erwarten, nicht aber von sich selbst (61% aus beiden Stichproben kreuzten einige/wenige Schüler an). Dieselben Häufigkeitstendenzen ergeben sich bei der Aussage, daß die meisten/viele Schüler von Lehrern selbstkritisches Verhalten erwarten, nicht aber von sich selbst.

3.1.9 Sonstiges

60% der westdeutschen gegenüber 90% der ostdeutschen Lehrer arbeiten nach eigenen Angaben mit ihren Kolleginnen und Kollegen eng zusammen, um sich z.B. bei Prüfungsterminen oder fächerübergreifenden Themen abzusprechen. Im Urteil der Lehrer aus Thüringen scheint die Zusammenarbeit und Kooperation unter Lehrern dort demnach wesentlich besser zu sein als in den alten Ländern. Darüber hinaus findet es die überwiegende Mehrzahl der Befragten aus beiden Stichproben gut, daß Mädchen und Jungen zusammen unterrichtet werden.

3.1.10 Zusammenfassende Betrachtung der Befunde zum Urteil der Lehrer über Schule

Die wichtigsten Ergebnisse zum Lehrerurteil über verschiedene Aspekte von Schule lassen sich wie folgt zusammenfassen:

- Die überwiegende Mehrzahl der Lehrer fühlt sich in der Schule wohl und kann sich mit ihrem Beruf als Lehrer sehr gut identifizieren.

- Etwa die Hälfte der Befragten fühlt sich in ihrer schulischen Arbeit durch zu viele Reglementierungen und Vorschriften bzw. aufgrund des großen Aufwands an Unterrichtsvorbereitungen und Korrekturen von Klassenarbeiten/Klausuren etc. in ihrer Freizeit eingeschränkt.

- Etwas weniger als die Hälfte der Befragten glaubt, bei wichtigen schulischen Entscheidungen wenig Einfluß nehmen zu können und in der Schule zu wenig Mitsprachemöglichkeiten zu haben.

- Noten/Punkte sind für die meisten Lehrer wichtig und sie haben ebenfalls für die meisten Lehrer einen hohen Stellenwert, auch wenn viele der Befragten zum Ausdruck geben, daß sich Noten/Punkte nachteilig auf die Lernfreude vieler Schüler bzw. auf ihren Spaß an der Schule auswirken.

- Etwa jeweils die Hälfte der Befragten ist gleichermaßen der Meinung bzw. nicht der Meinung, daß Schule zu leistungsorientiert oder zu sehr auf Leistungen ausgerichtet sei. Vergleichbar sind die Häufigkeitsverteilungen bei den Antworten der Lehrer zu den Fragen, inwieweit Schüler Schule als rigide Lern- und Leistungsanstalt erleben würden oder ob diese meinten, Schule sei zu sehr auf Leistungen ausgerichtet.

- Im Vergleich zu den Lehrern aus den alten Ländern betonen die Befragten aus Thüringen auf der einen Seite in stärkerem Maße die Notwendigkeit von Leistungsbeurteilungen, andererseits erleben sie Schule aber auch als leistungsorientierter und sie glauben zudem vermehrt, daß dies ebenfalls für ihre Schüler zutrifft.

- Die meisten Lehrer bewerten die schulischen Lerninhalte als sinnvoll, sie glauben jedoch mehrheitlich nicht, daß dies für ihre Schüler zutrifft. Demgegenüber ist die Hälfte der Befragten der Meinung, daß in der Schule zu viel Wissen vermittelt wird, welches ohne Bezug zu den Interessen der Schüler steht; in vergleichbarer Häufigkeit trifft dies nach Meinung der Lehrer auch für die Schüler zu.

- Die Beziehung der Lehrer zu ihren Schülern wird von den Befragten als sehr positiv wahrgenommen; sie ist nach Meinung der überwiegenden Mehrzahl der Befragten durch ein partnerschaftliches und gleichwertiges Verhältnis geprägt. Auch sind die meisten Lehrer nach eigenen Angaben für ihre Schüler ein verständnisvoller Gesprächspartner und an den Meinungen, Einstellungen und Gefühlen der Schüler interessiert. Ferner gibt die überwiegende Mehrzahl an, kooperationsbereit zu sein und Schüler bei wichtigen Belangen des Unterrichts mitzubeteiligen; letzteres trifft jedoch vor allem für die Lehrer aus Thüringen zu.

- Auch im Hinblick auf die eigenen pädagogisch-psychologischen Fähigkeiten schätzt sich die überwiegende Mehrzahl der Lehrer als kompetent bzw. als sehr günstig ein. Die meisten Befragten nehmen sich nach eigenen Angaben Zeit für die Probleme ihrer Schüler, sie sind gegenüber Schülern einfühlsam und glauben, die Probleme ihrer Schüler zu kennen bzw. gut mit persönlichen sowie mit schulischen Problemen von Schülern umgehen zu können. Nur etwas weniger als ein Drittel der Befragten meint hingegen, daß ihnen die notwendigen Kenntnisse und Erfahrungen fehlen würden, um Schülern bei der Bewältigung ihrer Ängste etc. unterstützen zu können.

- Im Hinblick auf die Lehrerpersönlichkeit und das Lehrerverhalten fallen die Urteile der Befragten ebenfalls sehr günstig aus. Die meisten Lehrer glauben von sich, selbstkritisch und gegenüber ihren Schülern kompromißbereit zu sein. In ihrem Verhalten gegenüber Schülern erleben sie sich mehrheitlich als sicher und nur zum Teil als ungeduldig.

- Die überwiegende Mehrzahl der Befragten arbeitet nach eigenen Angaben mit ihren Kolleginnen und Kollegen gut zusammen und ist der Meinung, daß der koedukative Unterricht gut sei.

3.2 Sinn und Funktion von Schule

Im zweiten Teil des Fragebogens wurden die Lehrer nach dem Sinn und der Funktion von Schule befragt. Die Lehrer wurden dabei gebeten, die Aussagen so zu beantworten, wie sie meinen, daß sie aus ihrer Sicht für Schüler aus der gymnasialen Oberstufe zutreffend sind (5-stufige Antwortmöglichkeiten: "*trifft zu*" bis "*trifft nicht zu*") und für wie wichtig sie selbst den jeweils genannten Sinn- und Funktionsaspekt von Schule halten (5-stufige Antwortmöglichkeiten: "*Als Sinn und Funktion von Schule halte ich das für ...*" "*... sehr wichtig*" bis hin zu "*... völlig unwichtig*"). Es wurde demnach nicht nur nach der subjektiv wahrgenommenen Realität gefragt, d.h. danach, wie Lehrer die jeweils genannten Sinn- und Funktionsaspekte von Schule für Schüler als gegeben bzw. als erfüllt betrachten, sondern auch nach der Einschätzung der Wichtigkeit der entsprechend genannten Funktion. Die Höhe der Differenz zwischen der eingeschätzten schulischen Wirklichkeit und der Wichtigkeit eines Sinn- und Funktionsaspekts weist entsprechend darauf hin, wo Schule im Urteil der Befragten ihre Funktion zu wenig erfüllt haben könnte.

Insgesamt sollten die Lehrer zu 45 Sinn- und Funktionsaspekten von Schule Stellung beziehen. Die entsprechenden Aussagen wurden den folgenden acht Inhaltskategorien zugeordnet:

- Freunde und Mitschüler
- Soziale Unterstützung und Mitsprache
- Persönlichkeitsförderung
- Wissen
- Beruf
- Soziales Lernen
- Lehrer-Schüler-Beziehung
- Sonstiges

3.2.1 Freunde und Mitschüler

Daß Schule ein Ort ist, an dem Schüler unter Mitschülern Freunde finden und an dem Schüler Freunde finden, mit denen sie auch außerhalb der Schule zusammen sind, trifft nach Meinung der überwiegenden Mehrzahl der Lehrer aus beiden Stichproben zu und ist auch gleichermaßen für die überwiegende Mehrzahl der Lehrer sehr wichtig/wichtig. Schule erfüllt nach Ansicht der Lehrer die Funktion der Kommunikation und der Interaktion unter Schülern daher recht gut, d.h., daß Schule nach Einschätzung der überwiegenden Mehrzahl der Lehrer für Schüler ein Ort der Begegnung unter Schülern ist, an dem Freundschaftsbeziehungen einen hohen Stellenwert haben.

3.2.2 Soziale Unterstützung und Mitsprache

Im Vergleich zu den Lehrern aus den alten Bundesländern bewerten die Befragten aus Thüringen die soziale Unterstützungsfunktion von Schule z.T.

deutlich positiver (siehe Tabelle 3). So sind prozentual mehr ost- als westdeutsche Lehrer der Meinung, daß Schule ein Ort ist, an dem sich Schüler zugehörig fühlen und an dem Schüler ein Gemeinschaftsgefühl erleben. Allerdings hielten dies wesentlich mehr Lehrer aus beiden Stichproben für sehr wichtig/wichtig (Lehrerinnen aus den alten Ländern halten das Zugehörigkeitsgefühl der Schüler für wichtiger als ihre männlichen Kollegen).

Vergleichbare Ergebnistendenzen einer positiveren Einschätzung der sozialen Unterstützungsfunktion von Schule im Urteil der Lehrer aus Thüringen ergeben sich ebenfalls bei der Frage nach dem Erwarten-Können von Hilfe und Unterstützung seitens der Schule (auch wenn Schüler einer Aufgabe nicht gewachsen sind) als auch im Zusammenhang mit der Anerkennung von Schülern durch Lehrer sowie bei der Aussage, daß Schüler persönliche Probleme/Schwierigkeiten auch mit Lehrern besprechen (siehe zusammenfassend in Tabelle 3).

Tabelle 3: Ergebnisse zur Einschätzung der sozialen Unterstützungsfunktion von Schule (in Prozent)

	Lehrer-West			**Lehrer-Ost**		
Schule ist ein Ort, an dem ...	**+**	**w**	**d**	**+**	**w**	**d**
Schüler Anerkennung durch Lehrer erfahren	**64**	91	27	**83**	93	10
Schüler sich zugehörig fühlen	**61**	80	19	**71**	86	15
Schüler ein Gemeinschaftsgefühl erleben	**61**	85	24	**85**	93	8
Schüler Hilfe und Unterstützung erwarten können	**59**	90	31	**81**	95	14
Schüler auch dann Unterstützung erfahren, wenn sie einer Aufgabe nicht gewachsen sind	**51**	90	39	**68**	93	25
Schüler persönliche Probleme/Schwierigkeiten auch mit Lehrern besprechen	**39**	73	34	**58**	55	-3
Legende: + = trifft zu/trifft etwas zu; w = sehr wichtig/wichtig; d = Differenz aus "+" zu "w"						

Gemessen an den Differenzen zwischen der Beurteilung der schulischen Wirklichkeit und der Wichtigkeitsdimension scheint die soziale Unterstützungsfunktion von Schule nach Meinung der Lehrer nur unzureichend erfüllt zu sein. Vor allem das Besprechen persönlicher Probleme/Schwierigkeiten mit Lehrern sowie das Erfahren-Können von Unterstützung (auch wenn Schüler einer Aufgabe nicht gewachsen sind) wird von den Befragten wesentlich wichtiger beurteilt als es im schulischen Alltag als erfüllt betrachtet wird. Mehrheitlich werden jedoch alle angesprochenen Aspekte der sozialen Unterstützungsfunktion von Schule für bedeutsam bzw. wichtig eingeschätzt.

Es sind demnach insbesondere die Lehrer aus den alten Ländern, die offensichtlich eine Diskrepanz zwischen der wahrgenommenen sozialen Unterstützungsfunktion von Schule und der Wichtigkeit dieser Funktion empfinden, was unter Umständen darauf hinweist, daß Schule ihrer Ansicht nach in stärkerem Maße ihrer sozialen Unterstützungsfunktion nachkommen oder gerecht werden sollte.

Im Hinblick auf die Mitsprache- und Einflußmöglichkeiten der Schüler in der Schule ergibt sich folgendes Bild: Während etwa drei Viertel der Lehrer aus Thüringen (76%) und etwas mehr als die Hälfte der Lehrer aus den alten Ländern (59%) Schule als Ort betrachten, an dem Schüler Mitsprache- und Mitgestaltungsrechte haben, hält dies die Mehrzahl der Lehrer aus beiden Stichproben für wichtig bzw. für sehr wichtig. Die Lehrer aus den alten Ländern erleben daher anscheinend auch in dieser Hinsicht ein stärkeres Defizit, die Realisierung von Mitsprache- und Mitentscheidungsrechten der Schüler in der Schule betreffend, als vergleichsweise ihre Kolleginnen und Kollegen aus Thüringen.

3.2.3 Persönlichkeitsförderung

Aufgrund der unterschiedlichen Antworttendenzen in beiden Stichproben werden die Befunde zur Persönlichkeitsförderung der Schüler zunächst für die west- und dann für die ostdeutschen Lehrer dargestellt. In Tabelle 4 sind die Häufigkeiten zu den einzelnen Sinn- und Funktionsaspekten von Schule im Hinblick auf die Persönlichkeitsförderung von Schülern nach der

Rangfolge der Häufigkeit der Zustimmungen für die Lehrer aus den alten Bundesländern wiedergegeben.

Tabelle 4: Ergebnisse zur Einschätzung der Persönlichkeitsförderung von Schülern durch Schule im Urteil der Lehrer aus den alten Bundesländern (in Prozent)

	Lehrer-West		
Schule ist ein Ort, an dem ...	**+***	**w***	**d***
Schüler lernen, eigene Meinungen und Einstellungen gegenüber anderen zu vertreten	**80**	95	15
das Problembewußtsein der Schüler erweitert wird	**79**	96	17
Schüler lernen, ein gewisses Maß an Belastungen auszuhalten	**76**	85	9
Schüler ihre Leistungsfähigkeiten und -grenzen kennenlernen	**75**	82	7
bei Schülern unterschiedliche Interessen geweckt werden	**72**	90	18
Schüler lernen, sich ein eigenes Urteil über einen Sachverhalt zu bilden	**71**	97	28
Schüler lernen, Vorurteile zu hinterfragen	**70**	98	28
Schüler zum kritischen Denken angeleitet werden	**69**	94	25
Schüler selbständiges Arbeiten lernen	**60**	96	36
Schüler sich selbst besser kennenlernen	**56**	86	30
Schüler lernen, wie man lernt	**54**	94	40
Schüler selbstverantwortlich zu handeln lernen	**45**	97	52
Schüler eine positive Lernhaltung vermittelt bekommen	**43**	92	49
die kreativen Fähigkeiten der Schüler gefördert werden	**41**	92	51
Schüler eigene Ideen und Bedürfnisse verwirklichen können	**32**	81	49
die Spontaneität der Schüler gefördert wird	**26**	80	54

Legende: + = trifft zu/trifft etwas zu; w = sehr wichtig/wichtig; d = Differenz aus "+" zu "w"

Die Mehrzahl der westdeutschen Lehrer betrachtet Schule als Ort, an dem Schüler lernen, eigene Meinungen und Einstellungen gegenüber anderen zu vertreten und an dem das Problembewußtsein der Schüler erweitert wird. Durchschnittlich 16% mehr geben an, daß sie dies für sehr wichtig/wichtig halten. Ebenfalls ist die Mehrzahl der westdeutschen Lehrer der Auffassung, daß Schüler in der Schule lernen, ein gewisses Maß an Belastungen auszuhalten und an dem sie ihre Leistungsfähigkeiten und -grenzen kennenlernen. Hierbei stimmt die Wahrnehmung der Realität mit der Einschätzung der Wichtigkeit weitgehend überein. Daß Schule ein Ort ist, an dem bei Schülern unterschiedliche Interessen geweckt werden, an dem Schüler lernen, sich ein eigenes Urteil über einen Sachverhalt zu bilden und an dem sie lernen, Vorurteile zu hinterfragen, wird ebenfalls von der Mehrzahl der Lehrer als zutreffend/etwas zutreffend angegeben. Hingegen hielten dies z.T. wesentlich mehr Lehrer für sehr wichtig/wichtig. Dies weist mit Einschränkungen darauf hin, daß sich die Befragten durchaus vorstellen könnten, in der Schule die Interessen der Schüler in stärkerem Maße zu wecken und dort mehr zur eigenen Urteilsbildung sowie zur Hinterfragung von Vorurteilen bei Schülern beizutragen, als dies tatsächlich als realisiert angesehen wird.

Daß Schule ein Ort ist, an dem Schüler zum kritischen Denken angeleitet werden, meinen 69% der Lehrer aus den alten Ländern; allerdings hielten dies 94% (+25%) für sehr wichtig/wichtig. Ähnlich verhält es sich bei der Aussage, daß Schüler in der Schule selbständiges Arbeiten lernen; 60% der Lehrer halten dies für zutreffend/etwas zutreffend, 96% (+36%) hielten dies dagegen für sehr wichtig/wichtig.

Etwas mehr als die Hälfte der westdeutschen Lehrer gibt an, daß Schule ein Ort ist, an dem sich Schüler besser kennenlernen und an dem Schüler lernen, wie man lernt. 30% bzw. 40% mehr hielten dies jedoch für sehr wichtig/wichtig. Dagegen glaubt weniger als die Hälfte, daß Schüler in der Schule selbstverantwortlich zu handeln lernen, eine positive Lernhaltung vermittelt bekommen und daß die kreativen Fähigkeiten der Schüler in der Schule gefördert werden. Etwa die Hälfte mehr hielt diese Sinn- und Funktionsaspekte jedoch für sehr wichtig/wichtig. Ferner sind mehr Lehrerinnen als Lehrer der Meinung, daß Schule die kreativen Fähigkeiten von Schülern fördert und daß Schüler in der Schule eine positive Lernhaltung vermittelt bekommen.

Nur etwa ein Drittel der westdeutschen Lehrer vertritt die Meinung, Schule ist ein Ort, an dem Schüler eigene Ideen und Bedürfnisse verwirklichen können und etwa ein Viertel ist der Ansicht, daß die Spontaneität der Schüler in der Schule gefördert wird. Die überwiegende Mehrzahl hielt beides allerdings für sehr wichtig/wichtig.

Aus dem Antwortverhalten der Lehrer aus den alten Bundesländern sind z.T. große Diskrepanzen zwischen der wahrgenommenen schulischen Realität hinsichtlich der Persönlichkeitsförderung von Schülern durch bzw. in der Schule auf der einen, und der eingeschätzten Wichtigkeit der jeweils angesprochenen Persönlichkeitsaspekte auf der anderen Seite erkennbar. Auffällig erscheint, daß Schule in der Meinung der Lehrer relativ wenig zur Förderung der kreativen Fähigkeiten und der Spontaneität der Schüler beiträgt wie auch zur Verwirklichung eigener Ideen und Bedürfnisse von Schülern. Gleichermaßen scheint Schule in der Mehrzahl der Lehrermeinungen nur unzureichend zur Förderung der Vermittlung einer positiven Lernhaltung, zum selbstverantwortlichen Lernen der Schüler sowie zum Lernen zu lernen beizutragen. Etwas günstiger fallen die Lehrerurteile bei der Beurteilung der Förderung der Vertretung der eigenen Meinung von Schülern, bei der Förderung ihres Problembewußtseins, der eigenen Urteilsbildung sowie des kritischen Denkens bei Schülern aus, auch wenn die wahrgenommene schulische Realität nicht unbedingt mit der Einschätzung der Wichtigkeit dieser Aspekte übereinstimmt. Zu bedenken gilt auch, daß Lehrer dem Kennenlernen der Leistungsfähigkeiten und -grenzen der Schüler sowie dem Lernen, ein gewisses Maß an Belastungen auszuhalten, eine vergleichbare Wichtigkeit beimessen wie beispielsweise der Förderung der Spontaneität und der Verwirklichung der Ideen und Bedürfnisse von Schülern.

Bei den Urteilen der Lehrer aus Thüringen ergeben sich z.T. andere Rangfolgen in der Häufigkeit der Zustimmungen zu den einzelnen Persönlichkeitsaspekten, die auf z.T. deutliche Unterschiede in Bezug auf die Einschätzung und Beurteilung der schulischen Realität hinweisen. Insbesondere unterscheiden sich beide Stichproben jedoch maßgeblich in den Differenzen, die aus den Wirklichkeits- und Wichtigkeitseinschätzungen resultieren. In Tabelle 5 sind die Befunde zum Sinn und zur Funktion von Schule für die Lehrer aus Thüringen wiedergegeben.

Tabelle 5: Ergebnisse zur Einschätzung der Persönlichkeitsförderung der Schüler durch Schule im Urteil der Lehrer aus Thüringen (in Prozent)

	Lehrer-Ost		
Schule ist ein Ort, an dem ...	**+***	**w***	**dif**
Schüler lernen, eigene Meinungen und Einstellungen gegenüber	**95**	89	-6
bei Schülern unterschiedliche Interessen geweckt werden	**86**	71	-15
Schüler selbständiges Arbeiten lernen	**82**	90	8
Schüler lernen, wie man lernt	**81**	77	-4
Schüler lernen, sich ein eigenes Urteil über einen Sachverhalt zu	**79**	88	9
Schüler selbstverantwortlich zu handeln lernen	**78**	88	10
Schüler lernen, ein gewisses Maß an Belastungen auszuhalten	**78**	70	-8
Schüler ihre Leistungsfähigkeiten und -grenzen kennenlernen	**77**	73	-4
Schüler zum kritischen Denken angeleitet werden	**73**	86	13
Schüler sich selbst besser kennenlernen	**73**	58	-15
das Problembewußtsein der Schüler erweitert wird	**73**	72	-1
die kreativen Fähigkeiten der Schüler gefördert werden	**70**	75	5
Schüler eine positive Lernhaltung vermittelt bekommen	**56**	64	8
Schüler eigene Ideen und Bedürfnisse verwirklichen können	**56**	78	22
Schüler lernen, Vorurteile zu hinterfragen	**55**	79	24
die Spontaneität der Schüler gefördert wird	**30**	66	36
Legende: + = trifft zu/trifft etwas zu; w = sehr wichtig/wichtig; d = Differenz aus "+" zu "w"			

Insgesamt gesehen fallen die Urteile zum Sinn- und zur Funktion von Schule im Hinblick auf die Persönlichkeitsförderung der Schüler bei den Lehrern aus Thüringen - im Vergleich zu den Urteilen ihrer Kolleginnen und Kollegen aus den alten Ländern - bei der Hälfte der in Frage kommenden Items günstiger aus. Lediglich bei der Aussage, daß Schule ein Ort ist, an dem Schüler lernen, Vorurteile zu hinterfragen, stimmen mehr west- (70%) als ostdeutsche Lehrer (55%) zu/etwas zu.

Die Unterschiede zwischen ost- und westdeutschen Lehrern hinsichtlich ihrer Wahrnehmung und Beurteilung der schulischen Realität, die Persönlichkeitsförderung von Schülern in der bzw. durch die Schule betreffend, beziehen sich vor allem auf die folgenden Inhalte:

Wesentlich mehr ost- als westdeutsche Lehrer betrachten Schule als Ort, an dem Schüler selbständiges Arbeiten lernen (60% West gegenüber 82% Ost). Ebenfalls mehr ost- (86%) als westdeutsche (72%) Lehrer sind der Meinung, daß bei Schülern in der Schule unterschiedliche Interessen geweckt werden und daß Schüler in der Schule lernen, wie man lernt (Lehrer-West: 54%; Lehrer-Ost: 81%). Während nur 41% der Lehrer aus den alten Ländern die Meinung vertreten, Schule sei ein Ort, an dem die kreativen Fähigkeiten der Schüler gefördert werden, trifft dies für 70% der Lehrer aus Thüringen zu/etwas zu. Auch die Verwirklichung eigener Ideen und Bedürfnisse der Schüler in der Schule wird von wesentlich mehr ost- (56%) als westdeutschen Lehrern (32%) als zutreffend/etwas zutreffend angegeben. Dasselbe gilt für die Aussage, daß Schüler in der Schule selbstverantwortlich zu handeln lernen (Lehrer-West: 45%; Lehrer-Ost: 78%).

Auch im Zusammenhang mit der Beurteilung der Wichtigkeit der genannten Sinn- und Funktionsaspekte von Schule hinsichtlich der Persönlichkeitsförderung der Schüler unterscheiden sich die ost- von den westdeutschen Lehrern z.T. erheblich in ihrem Antwortverhalten voneinander. Während bei den westdeutschen Lehrern bei nahezu allen Aussagen zum größten Teil deutliche Differenzen zwischen der Beurteilung der schulischen Wirklichkeit und der Wichtigkeitsdimension erkennbar sind, kommt dies bei den ostdeutschen Lehrern bei nur vier Aussagen relativ eindeutig zum Ausdruck. Mitunter weist dies darauf hin, daß die Lehrer aus Thüringen viele Aspekte der Persönlichkeitsförderung der Schüler in der und durch die Schule als hinreichend realisiert einschätzen und wahrnehmen.

Auffällig erscheint auch, daß bei den ostdeutschen Lehrern negative Beziehungen zwischen der wahrgenommenen schulischen Realität und der Wichtigkeitseinschätzung erkennbar sind. Die Lehrer aus Thüringen halten demnach auch bestimmte Sinn- und Funktionsaspekte von Schule für weniger wichtig, als sie es vergleichsweise im Hinblick auf die wahrgenommene schulische Wirklichkeit für zutreffend einschätzen. Dies betrifft z.B. die Aussage, daß Schule ein Ort ist, an dem bei Schülern unterschiedliche Interessen geweckt werden (86% trifft zu/etwas zu; 71% sehr wichtig/wichtig) oder an dem sich Schüler in der Schule besser kennenlernen (73% trifft zu-/etwas zu; 58% sehr wichtig/wichtig).

In Tabelle 6 sind die bedeutendsten Unterschiede zwischen den beiden Lehrerstichproben im Hinblick auf die Wichtigkeitseinschätzung eines genannten Sinn- und Funktionsaspekts von Schule - bezogen auf die Inhaltskategorie *"Persönlichkeitsförderung"* - nochmals zusammengefaßt wiedergegeben.

Tabelle 6: Ergebnisse zur Einschätzung der Wichtigkeit verschiedener Aspekte der Persönlichkeitsförderung der Schüler in der bzw. durch die Schule im Urteil der Lehrer aus den alten Ländern und aus Thüringen (in Prozent)

Ich halte es für sehr wichtig/wichtig, daß Schule ein Ort ist, an dem ...	**West**	**Ost**
... bei Schülern unterschiedliche Interessen geweckt werden	90	71
... Schüler lernen, wie man lernt	94	77
... die kreativen Fähigkeiten der Schüler gefördert werden	92	75
... Schüler lernen, ein gewisses Maß an Belastungen auszuhalten	85	70
... Schüler eine positive Lernhaltung vermittelt bekommen	92	64
... Schüler sich selbst besser kennenlernen	86	58
... die Spontaneität der Schüler gefördert wird	80	66
... Schüler lernen, Vorurteile zu hinterfragen	98	79
... das Problembewußtsein der Schüler erweitert wird	96	72

3.2.4 Wissen

Daß Schule ein Ort ist, an dem Schüler theoretisches Fachwissen vermittelt bekommen, trifft für die überwiegende Mehrzahl der Lehrer aus beiden Stichproben erwartungsgemäß zu bzw. etwas zu (93% west- und 95% ostdeutsche Lehrer); 86% der west- (-7%) und 82% der ostdeutschen Lehrer (-13%) halten dies für sehr wichtig/wichtig. Einige Lehrer schätzen demnach die theoretische Orientierung von Schule weniger wichtig ein als sie es für zutreffend beurteilen.

Ein ganz anderes Bild ergibt sich bei der Frage nach der praktischen Orientierung von Schule. Hier sind lediglich 7% der west- gegenüber 33% der ostdeutschen Lehrer der Ansicht, daß Schüler in der Schule praktisches Wissen vermittelt bekommen; für sehr wichtig/wichtig hielten dies hingegen 32% der Lehrer aus den alten Ländern (+25%) und 61% der Lehrer aus Thüringen (+28%). In beiden Stichproben ist in dieser Hinsicht demnach ein deutlicher Unterschied zwischen der wahrgenommenen schulischen Realität und der Einschätzung der Wichtigkeit erkennbar, der unter Umständen darauf hinweist, daß sich die Befragten einen stärkeren Praxisbezug von Schule durchaus vorstellen könnten, auch wenn danach explizit nicht gefragt wurde. Eindeutig erkennbar ist auch die Tendenz bei den ostdeutschen Lehrern, die prozentual vermehrt die praktische Orientierung von Schule und dessen Wichtigkeit betonen.

Für 81% der West- und für 85% der Ostdeutschen Lehrer trifft es zu/etwas zu, daß Schule ein Ort ist, an dem Schüler mit verschiedenen Weltsichten vertraut gemacht werden; für sehr wichtig/wichtig halten dies hingegen 95% der West- (+14%) und 93% der Ost-Lehrer (+8%). Daß Schüler die Welt mit Hilfe des in der Schule vermittelten Wissens besser begreifen lernen, trifft für 70% der West- und für 83% der Ost-Lehrer zu/etwas zu und ist für 95% der west- (+25%) sowie für 97% der ostdeutschen Lehrer (+14%) sehr wichtig/wichtig; ein deutlicher Hinweis auf ein in dieser Hinsicht von Seiten der Lehrer erlebtes Defizit!

3.2.5 Beruf

Im Vergleich zu ihren Kolleginnen und Kollegen aus den alten Bundesländern bewerten die ostdeutschen Lehrer die berufliche Orientierung bei Schülern in der Schule - entsprechend der prozentualen Häufigkeiten - wesentlich günstiger. So geben mehr als die Hälfte der ost- gegenüber etwa einem Viertel der westdeutschen Lehrer an, daß Schule ein Ort ist, an dem Schüler auf das Berufsleben vorbereitet werden. 61% der Lehrer aus den alten Ländern (+34%) und 84% der Lehrer aus Thüringen (+26%) hielten die berufliche Orientierung von Schule hingegen für sehr wichtig/wichtig. Daß Schüler in der Schule Wissen vermittelt bekommen, welches sie für ihr späteres Berufsleben gebrauchen können, trifft für nur 37% der west-, hingegen für 63% der ostdeutschen Lehrer zu/etwas zu; für sehr wichtig/wichtig halten dies dagegen 52% der West- (+15%) und 85% der Ost-Lehrer (+22%).

Diese Befunde weisen zusammenfassend darauf hin, daß das Gymnasium in der Meinung der ostdeutschen Lehrer in stärkerem Maße berufsorientiert ist, als dies vergleichsweise aus dem Antwortverhalten der Lehrer aus den westlichen Ländern zum Ausdruck kommt. Inwieweit hierbei die aus der DDR-Vergangenheit stärkere berufsbezogene schulische Bildung in der Beurteilung der Lehrer eine Rolle spielt, bleibt offen. Beide Lehrerstichproben betonen jedoch gleichermaßen stärker die Wichtigkeit der beruflichen Orientierung von Schule, was mit Einschränkungen auf die Vorstellung einiger Lehrer hinweist, Schule in stärkerem Maße an beruflichen Inhalten zu orientieren.

Nahezu alle Lehrer vertreten die Auffassung, daß Schüler durch den Schulabschluß ihre beruflichen Chancen verbessern; dies wird von der überwiegenden Mehrzahl der Lehrer auch für sehr wichtig/wichtig angesehen. Es bestätigt sich demnach auch in der Meinung der Lehrer die Allokationsfunktion von Schule, wonach Schüler durch einen höheren Schulabschluß ihre beruflichen Chancen verbessern können.

3.2.6 Soziales Lernen

Insgesamt gesehen bewerten die ostdeutschen Lehrer die Verwirklichung des Erlernens sozialer Fähigkeiten bei Schülern in der und durch die Schule - entsprechend der prozentualen Häufigkeitsverteilungen - positiver als ihre Kolleginnen und Kollegen aus den alten Ländern (siehe Tabelle 7). Bei den westdeutschen Lehrern ergeben sich z.T. sehr große Differenzen zwischen den beiden Beurteilungsmöglichkeiten, die darauf hinweisen, daß westdeutsche Lehrer das Erlernen sozialer Fähigkeiten bei Schülern in der und durch die Schule für weniger realisiert einschätzen, als sie es vergleichsweise für wichtig halten. Westdeutsche Lehrer erleben daher anscheinend ein Defizit im Erlernen sozialer Fähigkeiten bei Schülern in der Schule, bzw. Schule trägt ihrer Meinung nach nicht in ausreichendem Maße zur Förderung sozialer Fähigkeiten bei Schülern bei. In Tabelle 7 sind die Befunde zur Förderung des sozialen Lernens bei Schülern in der bzw. durch die Schule zusammenfassend dargestellt.

Tabelle 7: Ergebnisse zur Einschätzung des sozialen Lernens bei Schülern in der bzw. durch Schule bei Lehrern aus den alten Ländern und aus Thüringen (in Prozent)

	Lehrer-West			**Lehrer-Ost**		
Schule ist ein Ort, an dem ...	**+***	**w***	**d***	**+**	**w**	**d**
Schüler Gedanken und Ideen mit anderen Schülern austauschen	**84**	92	8	**93**	83	-10
Schüler sich mit anderen Meinungen und Einstellungen auseinandersetzen	**83**	95	12	**94**	86	-8
Schüler lernen, sich an bestimmte Regeln zu halten	**73**	87	14	**83**	58	-25
Schüler lernen, sich mehrheitlichen Meinungen und Entscheidungen zu fügen	**68**	84	16	**61**	54	-5
Schüler gegenüber Mitschülern Fairneß und Toleranz lernen	**56**	95	39	**79**	82	3

(Fortsetzung)	Lehrer-West			Lehrer-Ost		
Schule ist ein Ort, an dem ...	**+***	**w***	**d***	**+**	**w**	**d**
Schüler lernen, mit Mitschülern gemeinsam etwas zu erarbeiten	**55**	93	38	**75**	85	10
Schüler Konflikte gemeinsam mit anderen lösen lernen	**48**	93	45	**55**	81	26
Schüler lernen, sich in die Gedanken und Gefühle ihrer Mitschüler einzufühlen	**47**	85	38	**55**	54	-1
Legende: + = trifft zu/trifft etwas zu; w = sehr wichtig/wichtig; d = Differenz aus "+" zu "w"						

Der Austausch von Gedanken und Ideen mit anderen Schülern und die Auseinandersetzung mit anderen Meinungen und Einstellungen wird von der Mehrzahl der Befragten in der bzw. durch die Schule als weitgehend realisiert beurteilt. Allerdings hielten dies prozentual mehr west- als ostdeutsche Lehrer für wichtig. Die Mehrzahl der Lehrer (prozentual mehr Ost- als West-Lehrer) ist ferner der Auffassung, daß Schüler in der Schule lernen, sich an bestimmte Regeln zu halten; für sehr wichtig/wichtig schätzen dies hingegen prozentual wesentlich weniger ost- als westdeutsche Lehrer ein.

Mehr als die Hälfte der Befragten glaubt, daß Schule ein Ort ist, an dem Schüler lernen, sich mehrheitlichen Meinungen und Entscheidungen zu fügen; für sehr wichtig/wichtig hielten dies allerdings wiederum prozentual mehr west- als ostdeutsche Lehrer. Daß Schule ein Ort ist, an dem Schüler Fairneß und Toleranz gegenüber Mitschülern lernen und lernen, mit Mitschülern etwas gemeinsam zu erarbeiten, trifft bei den Lehrern aus den alten Ländern auf weniger Zustimmung als vergleichsweise bei ihren Kolleginnen und Kollegen aus Thüringen. Die Lehrer aus den alten Ländern hielten beides allerdings prozentual für wichtiger.

In etwa die Hälfte der Lehrer aus beiden Stichproben glaubt, daß Schüler in der Schule Konflikte gemeinsam lösen und sich in die Gedanken und Gefühle ihrer Mitschüler einzufühlen lernen; die Lehrer aus den alten Ländern hielten beides allerdings wiederum prozentual für wichtiger.

Bezogen auf die Lehrer aus den alten Ländern beziehen sich die wenigsten Zustimmungen sowie die größten Differenzen zwischen der wahrgenommenen schulischen Realität und der Wichtigkeitseinschätzung hinsichtlich des Erlernens sozialer Fähigkeiten bei Schülern in der Schule vor allem auf die folgenden Inhalte:

Schule als Ort, an dem Schüler ...

- Fairneß und Toleranz lernen,
- Konflikte gemeinsam mit anderen zu lösen lernen,
- lernen, sich in die Gedanken und Gefühle ihrer Mitschüler einzufühlen
- lernen, mit Mitschülern etwas gemeinsam zu erarbeiten.

Im Hinblick auf diese Aspekte sozialen Lernens scheint Schule nach Ansicht der Lehrer aus den alten Ländern ihre Funktion daher nur unzureichend zu erfüllen.

Das Erlernen sozialer Fähigkeiten in der Schule hängt mit Sicherheit auch von der Einstellung der Schüler gegenüber der Schule bzw. von ihrem Verhältnis zu Mitschülern und zu Lehrern ab, d.h. von ihrer Bereitschaft, sich auf soziale Beziehungen einzulassen und ein Interesse für soziale schulische Angelegenheiten zu entwickeln. Andererseits wird es jedoch vor allem auch davon bestimmt, welchen Stellenwert die Lehrer dem Erlernen sozialer Fähigkeiten bei Schülern beimessen, d.h. ob und inwieweit sie dies in die Planung und Gestaltung ihres Unterrichts mit einbeziehen und welche Möglichkeiten sie den Schülern einräumen, sich darin einzuüben. Die Lehrer haben, was die Bereitschaft für das soziale Engagement der Schüler in der Schule betrifft, in dieser Hinsicht allerdings eine eher negative Meinung über ihre Schüler. Denn es sind lediglich etwas mehr als ein Drittel der west- (36%) und nur 44% der ostdeutschen Lehrer, die Schule als Ort betrachten, an dem sich Schüler für die schulische Gemeinschaft und für das Schulleben mitverantwortlich fühlen. Hingegen hielten dies 92% der west- (+56%; mehr Lehrerinnen als Lehrer) gegenüber 46% der ostdeutschen Lehrer (+2%) für sehr wichtig/wichtig. Während demnach weniger als die Hälfte sowohl der west- als auch der ostdeutschen Lehrer das Mitverantwortlichkeitsgefühl der Schüler für das Schulleben und für die schulische Gemeinschaft als weitgehend realisiert ansehen, halten dies sehr viel mehr westdeutsche Lehrer für sehr wichtig/wichtig. Insbesondere die Lehrer aus den alten Ländern erleben offensichtlich eine große Diskrepanz zwischen der schulischen Realität und der Wichtigkeitsdimension, die Übernahme von Mitverantwortung für die schulische Gemeinschaft seitens der Schüler betreffend. Fraglich ist, ob der Befund einer mangelnden Mitverantwortungsbereitschaft als Zeichen einer resignativen Grundhaltung der Schüler gegenüber der Schule und dem Schulleben zu bewerten ist, d.h. ob sich darin die weiter oben beschriebene "Schulverdrossenheit" bei Schülern widerspiegelt, und/oder inwieweit dies im Zusammenhang mit den in der Schule und im Unterricht den Schülern zugestandenen Einfluß- und Mitsprachemöglichkeiten steht oder ob die Übernahme sozialer Mitverantwortung im schulischen Alltag zu wenig gefördert wird.

3.2.7 Lehrer-Schüler-Beziehung

Prozentual mehr ost- (58%) als westdeutsche Lehrer (39%) betrachten Schule als Ort, an dem Schüler persönliche Probleme auch mit Lehrern besprechen. Hingegen hielten dies wesentlich mehr west- (73%; +34%) als ostdeutsche Lehrer (55%; -3%) für sehr wichtig/wichtig. Offensichtlich stimmt bei den ostdeutschen Lehrern die schulische Wirklichkeit stärker mit der Wichtigkeit dieses Aspekts der Lehrer-Schüler-Beziehung überein als bei den westdeutschen Lehrern; letztere könnten sich unter Umständen vorstellen bzw. würden sich wünschen, daß Schüler persönliche Probleme vermehrt mit ihnen besprechen.

Es geben gleichermaßen prozentual mehr ost- als westdeutsche Lehrer (83% Ost und 64% West) zum Ausdruck, daß Schule ein Ort ist, an dem Schüler Anerkennung durch Lehrer erfahren. Für sehr wichtig/wichtig halten dies dagegen 91% der West- (+27%) und 93% der Ost-Lehrer (+10%).

Die Ergebnisse zu dieser Inhaltskategorie weisen - in der Wahrnehmung der Lehrer aus Thüringen - zusammenfassend daher auf eine "engere", eventuell sogar partnerschaftlichere Lehrer-Schüler-Beziehung hin als dies vergleichsweise die Lehrer aus den alten Ländern zum Ausdruck geben.

3.2.8 *Sonstiges*

62% der West- und 78% der Ost-Lehrer betrachten Schule als Ort, an dem Schüler die Erfahrung machen, daß es im Leben vor allem auf Leistungen ankommt; 38% der West- (-24%) gegenüber 59% der Ost-Lehrer (-19%) halten dies für sehr wichtig/wichtig. Dieser Befund zeigt, daß wesentlich weniger Lehrer der Meinung sind, es sei wichtig, Schüler müßten in der Schule die Erfahrung machen, es komme im Leben vor allem auf Leistungen an. Daß dies Schule allerdings zu vermitteln scheint, wird von vielen Lehrern so eingeschätzt. Ein deutlicher Hinweis auf eine zu starke Leistungsorientierung von Schule?

3.2.9 *Zusammenfassende Betrachtung der Befunde zum Sinn und zur Funktion von Schule*

Alle angesprochenen Sinn- und Funktionsaspekte von Schule, die Persönlichkeitsförderung von Schülern betreffend, wurden von den Lehrern mehrheitlich als sehr wichtig/wichtig eingeschätzt. Dies weist m.E. nicht nur auf die Validität der Fragebogenitems zu diesem Sachverhalt hin, sondern auch darauf, welche Funktion Schule nach Meinung der Lehrer im Hinblick auf die Persönlichkeitsentwicklung der Schüler idealtypisch haben sollte oder könnte. Aus den Differenzen zwischen der Beurteilung der schulischen Realität und der Wichtigkeitseinschätzung ergeben sich allerdings auch wichtige Anhaltspunkte darüber, in welchen Bereichen die Befragten den Sinn bzw. die Funktion von Schule in dieser Hinsicht am ehesten erfüllt betrachten bzw. vice versa wo Schule nach Meinung der Lehrer diesbezüglich Defizite aufzuweisen hat.

Am ehesten scheint Schule ihren Sinn bzw. ihre Funktion in Bezug auf die folgenden Gesichtspunkte zu erfüllen: Nach Meinung der überwiegenden Mehrzahl der Lehrer ist Schule ein Ort der Kommunikation und Begegnung unter Schülern, an dem Freundschaftsbeziehungen eine wichtige Rolle spielen; die Wahrnehmung der schulischen Realität stimmt dabei weitgehend mit der Wichtigkeitseinschätzung dieses Aspektes überein. Ebenfalls ist die Mehrzahl der Befragten der Ansicht, daß Schule ein Ort ist, an dem Schüler theoretisches Wissen vermittelt bekommen und an dem sie einen Schulabschluß erlangen, mit dem Schüler ihre beruflichen Chancen verbessern können; in vergleichbarer Häufigkeit wird dies auch als wichtig eingeschätzt.

Im Vergleich dazu trifft die soziale Unterstützungsfunktion von Schule bei den Befragten auf wesentlich weniger Zustimmung und es ergeben sich in dieser Hinsicht z.T. große Differenzen zwischen der Beurteilung der schulischen Realität und der Wichtigkeitseinschätzung. Die befragten Lehrer bewerten die sozialen Unterstützungsleistungen der Schule daher nicht unbedingt als befriedigend bzw. als ausreichend. Dies zeigt sich vor allem in dem nach Meinung der Befragten nur unzureichend realisierten Zugehörigkeits- und Gemeinschaftsgefühl der Schüler in der Schule sowie bei der Beurteilung der Besprechung persönlicher Schülerprobleme mit Lehrern; letztere scheinen für Schüler dabei eine nur untergeordnete Rolle zu spielen. Ebenfalls sind nur 64% der Lehrer aus den alten Ländern der Meinung, daß Schule ein Ort ist, an dem Schüler Anerkennung durch Lehrer erfahren; 91% (+27%) hielten dies jedoch für sehr wichtig/wichtig.

Hinsichtlich des sozialen Lernens scheint Schule nach Meinung der Lehrer ihre Funktion bei den folgenden Aspekten weitgehend zu erfüllen, wenn man die Antworttendenzen zur Beurteilung der schulischen Realität den Wichtigkeitseinschätzungen gegenüberstellt: Schule ist ein Ort, an dem Schüler Gedanken und Ideen mit anderen austauschen, sich mit anderen Meinungen und Einstellungen auseinandersetzen und an dem sie lernen, sich an bestimmte Regeln zu halten. Weniger Zustimmungen bzw. größere Differenzen zwischen den beiden Beantwortungsmöglichkeiten ergeben sich bei den folgenden Aussagen: Schule ist ein Ort, an dem Schüler Fairneß und Toleranz gegenüber anderen lernen, an dem sie lernen, Konflikte gemeinsam zu lösen, mit Mitschülern gemeinsam zusammenzuarbeiten und sich mehrheitlichen Meinungen zu fügen bzw. sich in die Gedanken und Gefühle von Mitschülern einzufühlen. Schule scheint nach Meinung der Lehrer ihre Funktion hinsichtlich des sozialen Lernens daher nur unzureichend zu erfüllen bzw. Lehrer könnten sich unter Umständen durchaus vorstellen, daß Schule mehr dazu beitragen sollte, könnte oder müßte. Die Befunde zum sozialen Lernen sollten allerdings auch auf dem Hintergrund der mehrheitlichen Meinung der Lehrer aus den westlichen Bundesländern betrachtet werden, wonach sich viele Schüler kaum für die schulische Gemeinschaft und für das Schulleben mitverantwortlich fühlen.

Im Hinblick auf die Persönlichkeitsförderung der Schüler beurteilt die überwiegende Mehrzahl der Befragten Schule als Ort, an dem Schüler eigene Meinungen gegenüber anderen zu vertreten lernen, an dem sie ihre Leistungsfähigkeiten und -grenzen kennenlernen und an dem sie lernen, Belastungen auszuhalten. Darüber hinaus ist Schule nach Meinung der Lehrer ein Ort, an dem das Problembewußtsein der Schüler erweitert sowie ihr kritisches Denken gefördert wird und an dem Schüler lernen, Vorurteile zu hinterfragen. Allerdings weisen die Unterschiede zwischen der Beurteilung der schulischen Realität und der Wichtigkeitseinschätzungen auch darauf hin, daß Lehrer - vor allem diejenigen aus den alten Ländern - die Förderung dieser Persönlichkeitsdimensionen in der bzw. durch die Schule nicht unbedingt als ausreichend bewerten. Eindeutig erkennbar ist die Tendenz, daß Schüler in der Schule eine nur unzureichende Förderung ihrer kreativen Fähigkeiten und ihrer Spontaneität erfahren und Schüler dort eigene Ideen und Bedürfnisse kaum verwirklichen können. Ferner gelingt es in der Schule kaum, Schülern eine positive Lernhaltung zu vermitteln; dies trifft insbesondere für die Lehrer aus den alten Ländern zu.

Für vergleichsweise eher weniger wichtig bewerten die Befragten die praktische und die berufliche Orientierung von Schule. Dennoch weisen die Differenzen zwischen der Beurteilung der schulischen Realität und der Wichtigkeitseinschätzungen auch darauf hin, daß sich die Befragten durchaus vorstellen könnten, Schule praxis- und berufsorientierter zu gestalten. Für ebenfalls vergleichsweise eher unwichtig beurteilen die Lehrer die Aussage, daß Schüler in der Schule die Erfahrung machen (sollen), es käme im Leben vor allem auf Leistungen an. Im Vergleich mit den Häufigkeiten der Zustimmung zur schulischen Wirklichkeit halten weniger Lehrer diesen Aspekt für wichtig.

3.3 Lehrereinfluß

In diesem Teil des Fragebogens wurden die Lehrer gebeten, den Grad des Einflusses, den Sie glauben, auf verschiedene Aspekte der persönlichen Entwicklung von Schülern aus der gymnasialen Oberstufe zu haben, einzuschätzen (5-stufige Antwortmöglichkeit: *"Als Lehrer habe ich einen günstigen Einfluß auf ..."; "... eher günstigen Einfluß auf ..."; "... weiß ich nicht ..."; "... geringen Einfluß auf..."; "... keinen Einfluß auf..."*). Die Lehrer wurden gebeten, ihre Stellungnahmen und Beurteilungen zu 25 Aussagen abzugeben; diese wurden den folgenden Inhaltskategorien zugeordnet:

- Persönlichkeitsförderung bei Schülern
- Umgang mit Wissen
- Wissen und Lernen
- Soziales Lernen
- Beruf

Aus den Häufigkeitsverteilungen zur Beurteilung des Lehrereinflusses ist erkennbar, daß kaum einer der Befragten die Antwortkategorie *"Ich habe keinen Einfluß auf ..."* gewählt hat, wohingegen im Vergleich dazu die Antwortkategorie *"weiß nicht"* relativ häufig angekreuzt wurde. Mitunter weist dies auf die Schwierigkeiten hin, die die Befragten bei der Einschätzung eines geringen Einflusses auf Schüler hatten oder auch darauf, daß viele Lehrer tatsächlich der Meinung sind, keinesfalls keinen Einfluß auf ... zu haben. Wenn Lehrer allerdings einen Einfluß auf bestimmte Aspekte ihrer Schüler bekundet haben, dann wurde dieser vorwiegend durch die Wahl der Antwortkategorie *"eher günstigen Einfluß"* zum Ausdruck gebracht als vergleichsweise durch die Antwortmöglichkeit *"günstigen Einfluß"*. Das heißt, daß die Befragten bei der Einschätzung eines günstigen Einflusses eher zurückhaltend reagierten, indem sie dabei nicht primär die positivere der beiden möglichen Antwortmöglichkeiten gewählt haben.

3.3.1 Persönlichkeitsförderung bei Schülern

Die Lehrer aus Thüringen schätzen ihren Einfluß, den sie auf verschiedene Aspekte der Persönlichkeitsentwicklung von Schülern haben, in der überwiegenden Mehrzahl der Aussagen und im Verhältnis der prozentualen Häufigkeiten günstiger ein, als vergleichsweise ihre Kolleginnen und Kollegen aus den alten Ländern. In Abbildung 1 sind die Ergebnisse zum günstigen/eher günstigen Einfluß der Lehrer auf sechs Aspekte der Persönlichkeitsentwicklung der Schüler beispielhaft dargestellt.

Abbildung 1: Beurteilung des günstigen/eher günstigen Einflusses der Lehrer aus den alten Bundesländern und aus Thüringen auf ausgewählte Aspekte der Persönlichkeit der Schüler (in Prozent; hell = Lehrer-West; dunkel = Lehrer-Ost)

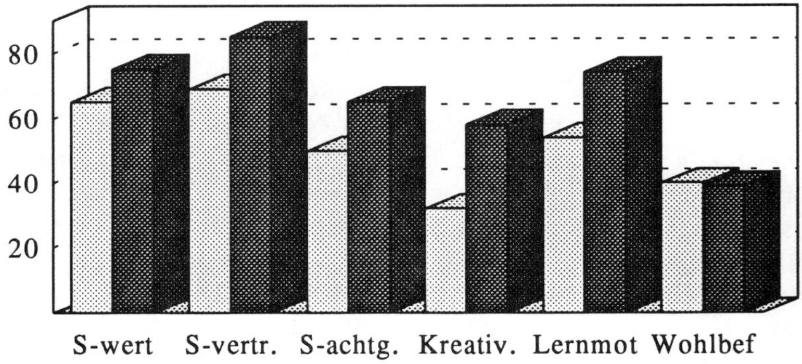

85% der ost- gegenüber 69% der westdeutschen Lehrer geben an, einen günstigen/eher günstigen Einfluß auf das Selbstvertrauen, und 75% der Ost- bzw. 65% der West-Lehrer einen günstigen/eher günstigen Einfluß auf das Selbstwertgefühl ihrer Schüler zu haben. Ferner schätzen 65% der Lehrer aus Thüringen und 50% der Lehrer aus den alten Ländern ihren Einfluß auf die Selbstachtung und Selbstakzeptanz der Schüler als günstig/eher günstig ein. In beiden Stichproben ergibt sich demnach die folgende Rangfolge in der Höhe des eingeschätzten günstigen Einflusses der Lehrer auf verschiedene Persönlichkeitsaspekte der Schüler: 1. Selbstvertrauen; 2. Selbstwertgefühl; 3. Selbstachtung und 4. Selbstakzeptanz.

54% der west- gegenüber 74% der ostdeutschen Lehrer sind der Auffassung, einen günstigen/eher günstigen Einfluß auf die Lernmotivation ihrer Schüler zu haben. Allerdings schätzen lediglich 32% der west- gegenüber 58% der ostdeutschen Lehrer ihren Einfluß auf die kreativen Fähigkeiten der Schüler als günstigen/eher ein (40% der west- und 24% der ostdeutschen Lehrer geben hingegen einen nur geringen bis keinen Einfluß auf die Kreativität der Schüler an, 26% der West- und 19% der Ost-Lehrer kreuzten *"weiß nicht"* an). Auch vertreten lediglich 40% der west- und 39% der ostdeutschen Lehrer die Auffassung, einen günstigen/eher günstigen Einfluß auf das Wohlbefinden ihrer Schüler zu haben (24% der West- und 29% der Ost-Lehrer kreuzten *"geringen"/"keinen Einfluß"* und 34% bzw. 29% *"weiß nicht"* an).

Den im Zusammenhang mit der Persönlichkeitsförderung der Schüler vergleichsweise günstigsten Einfluß haben Lehrer nach eigenen Angaben auf den Mut der Schüler, im Unterricht ihre persönliche Meinung zu sagen (86% der West- und der Ost-Lehrer kreuzten *"günstig"/"eher günstig"* an). Etwa zwei Drittel der west- und der ostdeutschen Lehrer glauben zudem, einen günstigen/eher günstigen Einfluß auf die angemessene Einschätzung der eigenen Fähigkeiten der Schüler zu haben. Im Hinblick auf die Bewältigung belastender Situationen in der Schule schätzen 42% der west- und 41% der ostdeutschen Lehrer ihren Einfluß als günstig/eher günstig ein. 31% der west- gegenüber 54% der ostdeutschen Lehrer haben nach eigenen Einschätzungen einen günstigen/eher günstigen Einfluß auf die Vermittlung einer sinnvollen Lebensperspektive bei Schülern. Im Hinblick auf die Spontaneität der Schüler im Unterricht glauben 48% der west- und 61% der ostdeutschen Lehrer einen günstigen/eher günstigen Einfluß zu haben.

Zusammenfassend beurteilen die meisten Lehrer ihren Einfluß auf die eigene Meinungsäußerung der Schüler im Unterricht sowie auf deren Selbstvertrauen und Selbstwertgefühl am günstigsten. Demgegenüber ist der Einfluß der Lehrer in deren Beurteilung auf die kreativen Fähigkeiten der Schüler, auf ihr Wohlbefinden, auf ihre Spontaneität im Unterricht und auf die Vermittlung einer sinnvollen Lebensperspektive bei Schülern vergleichsweise eher gering.

3.3.2 Umgang mit Wissen

Die überwiegende Mehrzahl der Lehrer gibt an, einen günstigen/eher günstigen Einfluß darauf zu haben, daß Schüler einen Sachverhalt kritisch zu hinterfragen lernen und lernen, sich selbständig etwas zu erarbeiten. Auf das Interesse an der Auseinandersetzung der Schüler mit gesellschaftlichen Problemen glauben 63% der west- und 73% der ostdeutsche Lehrer einen günstigen/eher günstigen Einfluß zu haben und 50% der west- bzw. 75% der ostdeutschen Lehrer schätzen ihren Einfluß auf die Konzentrationsfähigkeit der Schüler auf einen Sachverhalt ebenfalls als günstig/eher günstig ein.

3.3.3 Wissen und Lernen

Die überwiegende Mehrzahl der west- (89%) und der ostdeutschen Lehrer (92%) hat nach eigenen Einschätzungen erwartungsgemäß einen günstigen/eher günstigen Einfluß auf das theoretische Wissen ihrer Schüler. Hingegen sind nur 41% der west- (mehr Lehrerinnen als Lehrer) und 46% der ostdeutschen Lehrer der Meinung, ihr Einfluß auf das praktische Wissen der Schüler sei günstig/eher günstig; 47% der west- und 34% der ostdeutschen Lehrer kreuzten *"geringen"/"keinen Einfluß"* an.

3.3.4 Soziales Lernen

Insgesamt gesehen glauben prozentual mehr ost- als westdeutsche Lehrer, einen günstigen/eher günstigen Einfluß auf das soziale Lernen bzw. auf soziale Fähigkeiten ihrer Schüler zu haben. Dies trifft vor allem auf das Verantwortungsgefühl der Schüler (50% west- und 64% ostdeutsche Lehrer), auf ihr Gemeinschaftserleben (45% west- und 62% ostdeutsche Lehrer), auf die Rücksichtnahme auf leistungsschwächere Mitschüler (51% west- und 68% ostdeutsche Lehrer) sowie auf die Zusammenarbeit mit Mitschülern (58% west- und 78% ostdeutsche Lehrer) zu.

Einen in der Häufigkeitsverteilung vergleichbar günstigen/eher günstigen Einfluß glauben die Lehrer nach eigenen Einschätzungen auf die Auseinandersetzung der Schüler mit Andersdenkenden (etwa zwei Drittel in beiden Stichproben), auf die Fairneß und Toleranz von Schülern gegenüber Mitschülern (60% west-, 66% ostdeutsche Lehrer) sowie auf die gemeinsame Konfliktlösung mit Mitschülern (50% West- und 49% Ost-Lehrer) zu haben.

3.3.5 Beruf

Jeweils 20% der west- und ostdeutschen Lehrer geben an, einen günstigen/eher günstigen Einfluß auf die berufliche Orientierung ihrer Schüler zu haben; 52% der West- und 49% der Ost-Lehrer schätzen ihren Einfluß darauf als eher gering ein.

3.3.6 Zusammenfassende Betrachtung der Befunde zum Einfluß der Lehrer auf Schüler

Die prozentualen Häufigkeitsverteilungen zeigen, daß die befragten Lehrer aus Thüringen ihren Einfluß auf Schüler bei den meisten der erfragten Sachverhalte günstiger einschätzen, als vergleichsweise ihre Kolleginnen und Kollegen aus den alten Ländern.

Erwartungsgemäß schätzt die Mehrzahl der Lehrer aus beiden Stichproben ihren Einfluß auf das theoretische Wissen der Schüler als günstig und auf ihr praktisches Wissen als eher gering ein. Einen günstigen Einfluß haben die Lehrer nach eigenen Angaben auch darauf, daß Schüler einen Sachverhalt kritisch zu hinterfragen lernen und im Unterricht den Mut haben, ihre persönliche Meinung zu äußern. Auch im Hinblick auf das Selbstwertgefühl und das Selbstvertrauen der Schüler meinen in etwa zwei Drittel der Befragten, einen mehr oder weniger günstigen Einfluß zu haben. Hingegen wird der eigene Einfluß als Lehrer auf die Spontaneität, auf die kreativen Fähigkeiten und auf das Wohlbefinden der Schüler sowie auf die Bewältigung belastender Situationen in der Schule - vor allem bei den Lehrern aus den alten Ländern - vergleichsweise als eher gering eingeschätzt und nur 31% der Lehrer-West geben an, einen günstigen/eher günstigen Einfluß auf die Vermittlung einer sinnvollen Lebensperspektive bei Schülern zu haben.

Der Einfluß der Lehrer auf die sozialen Fähigkeiten bzw. auf das soziale Lernen der Schüler ist im Vergleich zu dem Einfluß auf verschiedene Aspekte der Persönlichkeitsförderung von Schülern (z.B. Selbstvertrauen; Selbstwertgefühl) und im Vergleich mit dem Umgang der Schüler mit Wissen nicht sehr günstig. Er ist bei den Lehrern aus den alten Ländern dort am günstigsten, wenn es um die Auseinandersetzung der Schüler mit Andersdenkenden geht und dort am geringsten, wenn das Gemeinschaftserleben der Schüler und die gemeinsame Konfliktlösung mit Mitschülern angesprochen wird.

Nach eigenen Einschätzungen haben die befragten Lehrer allerdings einen nur geringen Einfluß auf die berufliche Orientierung ihrer Schüler.

3.4 Lehrer über Schüler

Im folgenden werden die Ergebnisse zur Wahrnehmung und Beurteilung der Lehrer hinsichtlich des Verhaltens von Schülern aus der gymnasialen Oberstufe und ihrer Einstellung gegenüber Schule, Lernen und Unterricht mitgeteilt. Zum Teil wurde darauf bereits in Kapitel 3.1 Bezug genommen. Die Lehrer wurden gebeten, die Aussagen danach einzuschätzen, ob sie für *"Die meisten", "Viele", "Einige"* oder *"Wenige"* Schüler zutreffend sind. Die Antwortkategorien *"Die meisten"/"Viele"* sowie *"Einige"/"Wenige"* werden bei der Ergebnisdarstellung z.T. zusammenfassend betrachtet, wo dies allerdings inhaltlich keinen Sinn ergibt bzw. zu Verzerrungen der Ergebnisse führt, werden die Befunde je Antwortkategorie wiedergegeben. Die Aussagen wurden den folgenden Inhaltskategorien zugeordnet:

- Mitgestaltung und Mitverantwortung
- Lehrer-Schüler-Verhältnis
- Schulische Leistungen
- Identifizierung mit Lerninhalten
- Schüler-Schüler-Beziehungen
- Sonstiges

3.4.1 Mitgestaltung und Mitverantwortung

Mehr als die Hälfte der west- und der ostdeutschen Lehrer gibt an, daß nur (oder immerhin?) einige Schüler im Unterricht Eigeninitiative zeigen, für 26% der west- und 17% der ostdeutschen Lehrer trifft dies für nur wenige Schüler zu. Während die überwiegende Mehrzahl der Lehrer aus den alten Ländern der Meinung ist, daß nur einige (33%)/wenige (62%) Schüler ein Interesse daran haben, sich aktiv am Unterricht zu beteiligen, trifft dies für 42% der Lehrer-Ost auf "einige" und für 39% auf "wenige Schüler" zu.

Ebenfalls vertritt die Hälfte der Lehrer aus den alten Ländern die Auffassung, daß sich nur wenige (54%) Schüler für das Schulleben mitverantwortlich fühlen, 37% kreuzten "einige Schüler" an; für 42% bzw. 39% der Lehrer aus Thüringen trifft dies auf "einige" bzw. "wenige Schüler" zu. In Tabelle 8 sind die Befunde zur Beurteilung der Mitgestaltung und Mitverantwortung der Schüler durch die Lehrer differenziert nach den verschiedenen Antwortmöglichkeiten zusammengefaßt dargestellt.

Tabelle 8: Schulisches Engagements von Schülern aus der gymnasialen Oberstufe im Urteil der Lehrer (in Prozent)

Lehrer-West				**Lehrer-Ost**				
1	**2**	**3**	**4**	**1**	**2**	**3**	**4**	
1	13	60	26	0	20	59	17	Schüler zeigen im Unterricht Eigeninitative
0	5	33	62	3	7	42	39	Schüler haben Interesse daran, sich aktiv im Unterricht zu beteiligen
1	7	37	54	3	9	42	39	Schüler fühlen sich für das Schulleben mitverantwortlich
Legende: 1 = Die meisten; 2 = Viele; 3 = Einige; 4 = Wenige								

Im Urteil der Lehrer engagieren sich in der Tendenz demnach nur einige bzw. wenige Schüler im Unterricht und es haben ebenfalls nur einige bzw. wenige Schüler ein Interesse daran, sich aktiv im Unterricht zu beteiligen. Ferner ist das Mitverantwortungsgefühl gegenüber dem Schulleben nach Meinung der Mehrzahl der Lehrer bei nur einigen/wenigen Schüler vorhanden bzw. ausgeprägt (siehe auch die in dieselbe Richtung weisenden Befunde über das Mitverantwortungsgefühl von Schülern in Kapitel 3.2 im Zusammenhang mit den Fragen nach dem Sinn und der Funktion von Schule). Viele Schüler sind nach Meinung der Lehrer demnach eher passiv, d.h. ihr Engagement für die Schule und im Unterricht ist eher gering. Dies trifft in der Tendenz - bezogen auf die prozentualen Häufigkeitsverteilungen - für mehr west- als für ostdeutsche Schüler zu, d.h., daß die Lehrer aus den alten

Ländern die Mitgestaltungs- und Mitverantwortungbereitschaft der Schüler negativer bzw. kritischer wahrnehmen und beurteilen als vergleichsweise ihre Kolleginnen und Kollegen aus Thüringen.

In diesem Zusammenhang sei auch noch einmal auf das Urteil der Lehrer über die Akzeptanz der Schule durch Schüler bzw. über deren Einstellung zur Schule hingewiesen. Demzufolge glauben 63% der west- und 68% der ostdeutschen Lehrer, daß die meisten (West: 23%; Ost 27%)/viele (West: 40%; Ost: 41%) Schüler Schule als notwendige Durchgangsphase betrachten, um danach das machen zu können, was ihnen (den Schülern) gefällt (für 36% der west- und für 15% der ostdeutschen Lehrer trifft dies für nur einige/wenige Schüler zu).

3.4.2 Lehrer-Schüler-Verhältnis

Die überwiegende Mehrzahl der Lehrer (97% bzw. 85%) gibt an, daß nur einige/wenige Schüler in ihnen als Lehrer einen Gegner sehen (14% der ostdeutschen Lehrer antworteten darauf nicht) und von ihnen als Lehrer zuviel erwarten würden (17% der ostdeutschen Lehrer antwortete darauf nicht). Gleichermaßen ist die überwiegende Mehrzahl der Meinung, daß die meisten/viele Schüler ihnen als Lehrer Höflichkeit entgegenbringen würden. Allerdings glauben 72% der west- und 67% der ostdeutschen Lehrer, daß sich nur einige/wenige Schüler in die Rolle als Lehrer einfühlen (keine Antwort bei den ostdeutschen Lehrern = 14%).

Die überwiegende Mehrzahl der Lehrer vertritt ebenfalls die Auffassung, daß nur einige/wenige Schüler die Schuld von Mißerfolgen und schlechten Schulleistungen den Lehrern zuschreiben würden und daß nur einige/wenige Schüler kein Interesse daran haben, sie als Lehrer in ihrem Unterricht zu unterstützen (keine Antworten bei den ostdeutschen Lehrern = 10%).

41% der west- und 26% der ostdeutschen Lehrer geben zum Ausdruck, die meisten/viele Schüler würden sich wünschen, der Kontakt zu ihnen als Lehrer bliebe auf schulische Angelegenheiten begrenzt; 56% der west- und 64% der ostdeutschen Lehrer kreuzten *"einige/wenige Schüler"* an.

37% der west- gegenüber 19% der ostdeutschen Lehrer sind der Auffassung, daß die meisten/viele Schüler von ihnen als Lehrer nicht erzogen werden möchten; 58% der West- und 65% der Ost-Lehrer kreuzten *"einige/wenige Schüler"* an (17% der ostdeutschen Lehrer gaben darauf keine Antwort).

Die Befunde zu dieser Inhaltskategorie weisen darauf hin, daß das Lehrer-Schüler-Verhältnis im Urteil der Befragten von Höflichkeit und von als realistisch einzuschätzenden Erwartungen an den Lehrer als Person sowie an seine Arbeit geprägt ist, auch wenn sich in der Tendenz nur einige/wenige Schüler in die Rolle des Lehrers hineinversetzen können und wenn enge, freundschaftliche Beziehungen zwischen Lehrern und Schülern nicht unbedingt damit in Zusammenhang stehen. Mehr als die Hälfte der Lehrer ist ebenfalls der Auffassung, daß nur einige/wenige Schüler von ihnen als Lehrer nicht erzogen werden möchten, für mehr als ein Drittel der west- (37%) und für ca. ein Fünftel der ostdeutschen Lehrer (19%) trifft dies für die meisten/viele Schüler zu. Demnach sind es nach Auffassung der Lehrer tendenziell mehr Schüler, die einem erzieherischen Einfluß seitens der Lehrer offen gegenüberstehen als solche, die sich dagegen aussprechen würden und von Lehrern nicht erzogen werden möchten. In diesem Zusammenhang sei auch auf die Ergebnisse zu weiteren Fragen nach dem erzieherischen Einfluß der Lehrer auf Schüler hingewiesen. Zum einen wurden die Lehrer gebeten, den erzieherischen Einfluß einzuschätzen, den sie ihrer Meinung nach im Vergleich zu anderen Personen aus dem sozialen Umfeld von Schülern (z.B. Eltern, Mitschüler, Freunde) auf Schüler aus der gymnasialen Oberstufe haben; dieser wurde in beiden Stichproben gleichermaßen mit einem Fünftel angegeben, d.h. daß Lehrer ihren Anteil an erzieherischem Einfluß auf Schüler - neben Eltern, Freunden etc. - mit 20% einschätzen. Allerdings sind 58% der Lehrer aus Thüringen (10% *"stimme zu"*; 48% *"stimme eher zu"*) und 43% der Befragten aus den alten Ländern (12% *"stimme zu"*; 31% *"stimme eher zu"*) ebenfalls der Auffassung, daß der erzieherische Einfluß von Lehrern auf Schüler aus der gymnasialen Oberstufe zunehmen sollte (21% der west- und 31% der ostdeutschen Lehrer kreuzten *"stimme eher nicht zu"/"stimme nicht zu"* an) bzw. es sind 54% der west- und 55% der ostdeutschen Lehrer, die angeben, gerne mehr erzieherischen Einfluß auf Schüler aus der gymnasialen Oberstufe ausüben zu können (39% der west- und 41% der ostdeutschen Lehrer verneinten diese Frage). Viele Lehrer halten demzufolge den von ihnen geschätzten Anteil des erzieherischen Einflusses auf ihre Schüler aus der gymnasialen Oberstufe für zu gering und könnten sich vorstellen bzw. würden sich unter Umständen wünschen, daß dieser zunimmt.

3.4.3 Schulische Leistungen

Etwa die Hälfte der Lehrer aus beiden Stichproben ist der Auffassung, daß die meisten (6% west-; 9% ostdeutsche Lehrer)/viele (40% west-; 42% ostdeutsche Lehrer) Schüler Schule als rigide Lern- und Leistungsanstalt erleben würden, für 54% der west- und für 42% der ostdeutschen Lehrer trifft dies für nur einige/wenige Schüler zu. In vergleichbarer Häufigkeit glauben die Befragten, daß die meisten/viele Schüler Schule als Ort empfinden, der durch Leistungsdruck und Konkurrenz bestimmt ist. Etwa drei Viertel der Lehrer vertreten dagegen die Meinung, daß die meisten (Lehrer-West: 12%; Lehrer-Ost: 15%)/viele (63% bzw. 59%) Schüler nur für Noten/Punkte lernen. Vergleichbare Antworthäufigkeitstendenzen ergeben sich ebenfalls bei der Aussage, daß die meisten/viele Schüler im Grunde genommen immer nur vor der nächsten Arbeit lernen.

Schule wird demnach im Urteil von etwa der Hälfte der Lehrer von den meisten/vielen Schülern als rigide Lern- und Leistungsanstalt erlebt, die durch Leistungsdruck und Konkurrenz geprägt ist. Allerdings vertritt auch eine vergleichbare Anzahl der Lehrer diese Meinung nicht bzw. es ist ebenfalls in etwa die Hälfte der Befragten, die bei den Aussagen zur Leistungsorientierung von Schule *"einige/wenige Schüler"* ankreuzte. Hingegen glaubt die Mehrzahl der Lehrer, daß die meisten/viele Schüler nur für Noten/Punkte und vor allem vor der nächsten Arbeit lernen würden.

3.4.4 Identifizierung mit Lerninhalten

Wie bereits in Kapitel 3.1.5 dargestellt, fallen die Urteile der Lehrer im Hinblick auf die angesprochenen Aspekte der Identifizierung mit den schulischen Lerninhalten bei Schülern insgesamt nicht sehr günstig aus. Aus dem Antwortverhalten der Befragten kommt tendenziell zum Ausdruck, daß nur einige/wenige Schüler Spaß daran haben, in der Schule etwas zu lernen und daß nur einige/wenige Schüler die meisten Lerninhalte in der Schule sinnvoll finden würden. Darüber hinaus sind tendenziell mehr Lehrer der

Meinung, daß die meisten/viele Schüler glauben würden, die schulischen Lerninhalte hätten wenig mit den persönlichen Interessen der Schüler zu tun. Dabei fallen die Urteile der ostdeutschen Lehrer gemäß der prozentualen Häufigkeitsverteilungen etwas günstiger aus als die ihrer Kolleginnen und Kollegen aus den alten Ländern.

3.4.5 Schüler-Schüler-Beziehungen

53% der west- und 41% der ostdeutschen Lehrer geben an, daß die meisten (Lehrer-West: 11%; Lehrer-Ost: 9%)/viele (Lehrer-West: 42%; Lehrer-Ost: 32%) Schüler sich nur für ihr eigenes Fortkommen interessieren würden; für 45% der west- und für 54% der ostdeutschen Lehrer trifft dies nur auf einige/wenige Schüler zu. Hingegen sind nur 30% der west- gegenüber 2% der ostdeutschen Lehrer der Auffassung, daß die meisten (Lehrer-West: 4%; Lehrer-Ost: 0%)/viele (Lehrer-West: 26%; Lehrer-Ost: 2%) Schüler im Mitschüler vorwiegend den Konkurrenten sehen würden.

3.4.6 Sonstiges

Mehr als die Hälfte der Lehrer aus beiden Stichproben glaubt, daß die meisten/viele Schüler im Unterricht das sagen, was sie denken.

3.4.7 Zusammenfassende Betrachtung der Befunde zum Urteil der Lehrer über Schüler

Die Ergebnisse zu den Urteilen der Lehrer über ihre Schüler und zu den von den Lehrern vermuteten Schülermeinungen lassen sich wie folgt zusammenfassen:

- Im Urteil der Lehrer ist das Engagement der Schüler im Unterricht und in der Schule wie auch das Mitverantwortungsgefühl der Schüler gegenüber dem Schulleben in der Tendenz nur wenig ausgeprägt. Vielmehr zeichnet sich das Bild einer passiven Haltung vieler Schüler gegenüber der Schule ab, was auch - vor allem von den Lehrern aus den alten Ländern - bei der

Frage nach der Akzeptanz von Schule (Schule als notwendige Durchgangsphase) zum Ausdruck kommt.

- Während etwa jeweils die Hälfte der Befragten die Meinung vertritt bzw. nicht vertritt, Schüler würden Schule als zu leistungsorientiert empfinden, glauben die Befragten mehrheitlich, daß die meisten/viele Schüler nur für Noten/Punkte und vor allem vor der nächsten Arbeit lernen würden.

- Die Befunde zum Lehrer-Schüler- und zum Schüler-Schüler-Verhältnis deuten darauf hin, daß Schüler im Urteil der Lehrer das Verhältnis zu ihnen als Lehrer positiv wahrnehmen und daß Schülerbeziehungen nur in geringem Maße durch Konkurrenzdenken und -gebahren unter Schülern geprägt sind. Hingegen glaubt in etwa die Hälfte der Lehrer, daß sich viele Schüler nur für ihr eigenes Fortkommen interessieren würden.

4 Ergebnisse zu den offenen Fragen

4.1 Methodisches Vorgehen bei der Auswertung

Insgesamt wurden den Lehrern die drei folgenden Fragen zur freien Beantwortung vorgegeben:

- *"Wenn Sie an Ihre SchülerInnen in der gymnasialen Oberstufe denken, was sehen Sie an ihnen besonders kritisch? "*
- *"Wenn Sie an Ihre SchülerInnen in der gymnasialen Oberstufe denken, was sehen Sie an ihnen besonders positiv?"*
- *"Welche Aspekte von Schule empfinden Sie persönlich als belastend?"*

Ferner hatten die Lehrer die Gelegenheit, die Befragung, den Fragebogen etc. unter der Rubrik *"Bemerkungen"* zu kommentieren.

Die Antworten wurden für jede offene Frage mit Angaben der Probandennummer wörtlich von den Fragebögen übernommen. Danach erfolgte die semantische Differenzierung der Aussagen sowie die Zuordnung zu einer der entwickelten, aufgrund der inhaltlichen Aussagen nach thematischen Gesichtspunkten zusammengestellten Inhaltskategorien, wobei Mehrfachnennungen miteinbezogen wurden. Die berechneten absoluten und prozentualen Häufigkeiten der Aussagen weisen mitunter darauf hin, welchen Stellenwert Lehrer den jeweils genannten Aspekten bezüglich der Beurteilung ihrer Schüler sowie im Hinblick auf die als belastend empfundenen bzw. eingeschätzten schulischen Aspekte beimessen. Allerdings erscheinen sowohl die Zuverlässigkeit der entwickelten Inhaltskategorien als auch die Trennschärfe der den Kategorien zugeordneten Aussagen trotz der Mitbeteiligung von zwei Experten bei den Kategorisierungen z.T. problematisch, da bestimmte Lehreraussagen mehrdeutig sind und unter unterschiedlichen inhaltlichen Gesichtspunkten betrachtet werden können.

Beispiel: Die von den Lehrern als kritisch eingeschätzte *"Passivität"* der Schüler könnte sich zum einen auf das *"Engagement der Schüler in der bzw. für die Schule"* und/oder auf ihre *"Motivation im Unterricht"* beziehen. Sie weist zum anderen aber auch auf eine grundsätzlich negative Einstellung bzw. Haltung der Schüler gegenüber der Schule und zum schulischen Lernen und Arbeiten hin, die der Inhaltskategorie *"Schülerpersönlichkeit"* - vergleichbar den Aussagen über die *"Null-Bock-Mentalität und Lustlosigkeit der Schüler"* - zuzuweisen wäre. D.h., daß *"Passivität"* - unter unterschiedlichen inhaltlichen Gesichtspunkten betrachtet - mehreren Inhaltskategorien zugewiesen werden könnte und daß die hier getroffene Entscheidung, sie der Inhaltskategorie *"Engagement der Schüler in der bzw. für die Schule"* zuzuweisen, vor allem subjektiv ist. Aus diesem Grunde sind die Zuordnungen der Aussagen zu den verschiedenen Inhaltskategorien, aber auch die entwickelten Inhaltskategorien selbst, keinesfalls als reliabel im engeren Sinne zu beurteilen und die mitgeteilten bzw. daraus abgeleiteten Häufigkeitstendenzen im Antwortverhalten der Lehrer daher nur in Abhängigkeit dieser methodischen Schwierigkeiten zu betrachten. Zuweisungen von Aussagen zu anderen Inhaltskategorien könnten unter Umständen zu anderen Häufigkeitsverteilungen und damit zu anderen inhaltlichen Schlußfolgerungen führen.

4.2 Kritische und positive Aussagen der Lehrer über Schüler

29 Lehrer aus den alten Ländern (12,3%) und 13 Lehrer aus Thüringen (22%) gaben keine kritischen, 38 Lehrer-West (16,5%) bzw. 9 Lehrer-Ost (15,3%) keine positiven Stellungnahmen zu ihren Schülern ab. Insgesamt wurden bei den Lehrern aus den alten Ländern 550 semantisch voneinander

differenzierbare Aussagen über kritische und 334 Aussagen über positive Schüleraspekte gezählt. Dies entspricht einem Anteil von 2,7 kritischen und 1,7 positiven Aussagen pro Lehrer. Bei den Lehrern aus Thüringen waren es 108 Aussagen zu kritischen und 107 zu positiven Schüleraspekten, was einem Anteil von 2,4 kritischen und 2,1 positiven Aussagen pro Lehrer entspricht. Demnach gaben die Lehrer aus den alten Ländern etwas mehr kritische als positive Stellungnahmen ab, was jedoch nicht notwendigerweise bedeutet, daß sie ihre Schüler in der Tendenz kritischer als vergleichsweise positiv wahrnehmen bzw. beurteilen. Mit Einschränkungen bedeutet dies vielmehr nur, daß den Lehrern aus den alten Ländern bei der Beurteilung ihrer Schüler mehr kritische als positive Aspekte in den Sinn gekommen sind oder daß mehr kritische Aussagen semantisch voneinander unterschieden werden konnten.

Häufig wurde von Seiten der Lehrer bemerkt, daß *"... so pauschal (...) keine Aussage über Schüler möglich ..."* sei, oder es finden sich bei den Antworten ergänzende Bemerkungen wie z.B. *"Einige"*, *"Wenige"*, *"Trifft nicht auf alle zu"*. Dies weist auf die grundsätzliche Schwierigkeiten hin, die mit der Beantwortung dieser Art von Fragen verbunden sind: die Erwartung von gedanklichen Generalisierungen und Abstraktionen und der Zwang, sich für ein - selbstverständlich mit Wertungen verbundenes - Urteil entscheiden zu müssen. Die Möglichkeit, differenziertere Meinungen über Schüler zum Ausdruck zu bringen, kommt unter diesen Voraussetzungen mit Sicherheit zu kurz und die in der Wahrnehmung und Beurteilung der Lehrer präsenten Verschiedenheiten der Schüler können dem nicht entsprechen. Was Lehrer in ihren offenen Antworten auf diese Fragen daher zum Ausdruck bringen, sind pauschale Urteile, Trendaussagen bzw. Meinungstendenzen, d.h. Annäherungen an ihre tatsächlichen, mit Sicherheit eher differenzierten Meinungen über Schüler. Die von den Lehrern vorgenommenen Relativierungen von Aussagen entsprechen ferner vermutlich eher der schulischen Wirklichkeit, als wenn die Lehrer lediglich Pauschalurteile abgegeben hätten. Insofern ist diesen einschränkenden, relativierenden Bemerkungen ein hoher Stellenwert beizumessen.

Aufgrund der breiten inhaltlichen Streuung der Aussagen innerhalb der verschiedenen Inhaltskategorien zum Urteil über Schüler kommen bei den Lehrern aus Thüringen wegen der kleinen Stichprobe vielfach nur sehr geringe Häufigkeiten von Nennungen vor, so daß für diese Teilstichprobe auf die

Darstellung der Häufigkeiten einzelner Aussagen verzichtet werden soll. Vielmehr wird bei den Lehrern aus Thüringen nur Bezug auf die Häufigkeiten je Inhaltskategorie genommen.

4.2.1 Kritische Aussagen

Die Antworten zur Frage, was Lehrer an ihren Schülern kritisch beurteilen, wurden insgesamt 12 Inhaltskategorien zugeordnet. In Tabelle 9 sind die absoluten und prozentualen Häufigkeiten der Nennungen zu einer der entwickelten Inhaltskategorien im Einzelnen wiedergegeben (die Häufigkeiten der den Inhaltskategorien zugeordneten Aussagen befinden sich im Anhang).

Tabelle 9: Absolute und prozentuale Häufigkeiten von Nennungen kritischer Äußerungen der Lehrer aus den alten Bundesländern und aus Thüringen über ihre Schüler

	Lehrer-West (N=206)		Lehrer-Ost (N=46)	
	Aussagen	**%-Anteil**	**Aussagen**	**%-Anteil**
1. Lernen, Wissen, Denken	**166**	**30,2**	**35**	**32,4**
2. Schülerpersönlichkeit	**79**	**14,4**	**28**	**25,9**
3. Konsum-, Anspruchsdenken, materielle Orientierung	**60**	**10,9**	**1**	**0,9**
4. Schulische Leistungen	**59**	**10,8**	**15**	**13,9**
5. Soziales Verhalten	**58**	**10,7**	**10**	**9,3**
5. Engag., Mitverantwortg.	**47**	**8,5**	**5**	**4,6**
7. Selbstkritisches Verhalten	**18**	**3,3**	**0**	**0**
8. Identifizierung mit Schule	**17**	**3,1**	**1**	**0,9**
9. Politisches Engagement	**9**	**1,6**	**3**	**2,8**
10. Zuverlässigkt, Pünktlichkt.	**5**	**0,9**	**4**	**3,7**
11. Zuviel Alkohol, Drogen, Zigaretten	**3**	**0,5**	**0**	**0**
12. Sonstiges	**29**	**5,3**	**6**	**5,6**
Summe	**550**		**108**	

a. Lernen, Wissen, Denken

Der höchste Anteil kritischer Lehreraussagen über Schüler (30,2% bei den Lehrern-West und 32,4% bei den Lehrern-Ost) bezieht sich auf die Inhaltskategorie *"Lernen, Wissen, Denken"*. Dabei steht vor allem das von Seiten der Lehrer zum Ausdruck gebrachte Desinteresse der Schüler am Fach und an den Lerninhalten an erster Stelle der Häufigkeitsverteilung, gefolgt von dem Lernen der Schüler und ihrer Wahl der Fächer nur der Noten/Punkte wegen.

Beispiele: *"Oft wenig ausgeprägtes Interesse"; "Ihr fröhliches Desinteresse"; "Zu wenig Interesse am Lesen"; "Eine zu große Interessenlosigkeit"; "Streben nach Punkten"; "Viele sind nur auf Punktejagt, ohne sich mit dem Sachverhalt an sich auseinanderzusetzen"; "Ihr punktuelles Lernen für Klausuren"; "Oft ist nur die Note Motivation"; "Zu stark ausgeprägte pragmatische Grundhaltung ("Was bringt mir das?")"; "Einsatz hauptsächlich für Punkte"; "Fächerwahl erfolgt unter dem Gesichtspunkt, möglichst hohe Punktzahlen zu erreichen"; "Viele neigen dazu, den Weg des geringsten Widerstandes zu gehen und wählen Fächer nach den Punktezahlen".*

Jeweils 21 kritische Aussagen der Lehrer-West zu dieser Inhaltskategorie beziehen sich auf die Konzentrationsfähigkeit der Schüler und auf ihre Ausdauer bzw. auf die kontinuierliche Mitarbeit im Unterricht sowie auf ihre grundsätzlich negative Arbeitshaltung und -einstellung im Unterricht. Danach folgt die geringe Lernmotivation und das geringe Lernengagement der Schüler sowie der von Seiten der Lehrer zum Ausdruck gebrachte Mangel an Problembewußtsein bzw. an kritischem Denken der Schüler.

Beispiele: *"Unzureichende Arbeitshaltung"; "Unkonzentriertheit im Unterricht"; "Einstellung zum Lernen"; "Nachlassen kontinuierlicher Arbeitshaltung"; "Kein Durchhaltevermögen im Unterricht"; "Mangelndes Engagement in den Stunden"; "Wenig Bereitschaft, weitergehende Lerninhalte zu akzeptieren"; "Fehlendes Problembewußtsein"; "Z.T. Neigung, sich vorherrschenden Urteilen kritiklos anzuschließen"; "Mangelndes Problembewußtsein".*

Einige Lehrer kritisierten ferner das unvollkommene sprachliche (Ausdrucks-) Vermögen der Schüler (z.B.: *"Mangel an sprachlicher Kompetenz in der Muttersprache"*; *"Mangelnde gehobene Rhetorik"*) und das geringe (Allgemein-) Wissen (z.B. *"Wissen zu wenig"; "Haben kein Allgemeinwissen"; "Ungenügende Kenntnisse"*).

Im Vordergrund der kritischen Urteile über Schüler steht im Zusammenhang mit dieser Inhaltskategorie zusammenfassend demnach das Desinteresse der Schüler am Fach und an Unterrichtsinhalten, ihr Lernen bzw. ihre Fächerwahl, die nach Ansicht der Lehrer allzu häufig durch Noten/Punkte determiniert ist, sowie das Arbeitsverhalten der Schüler (Konzentration) bzw. ihre grundsätzliche Arbeitseinstellung im Unterricht.

b. Schülerpersönlichkeit

14,4% (Lehrer-West) bzw. 25,9% (Lehrer-Ost) aller kritischen Aussagen beziehen sich auf verschiedene Aspekte der Schülerpersönlichkeit, wobei die geringe Kreativität der Schüler, ihre "Null-Bock-Mentalität", ihre Orientierungslosigkeit und ihre Angepaßtheit/ihr Konformismus am häufigsten genannt werden.

Beispiele: *"Fehlende Kreativität für Lösungen"; "Kreativität"; "Wenig eigene Ideen"; "Manchmal vorhandene Lustlosigkeit"; "Ihre Null-Bock-Haltung"; "Ihr geschichtsloses freies Schweben in der Zeit"; "Perspektivlosigkeit"; "Es fehlt ihnen an Vorstellungen für die Zukunft"; "Ihre Gleichgültigkeit"; "Z.T. zu angepaßt"; "Duckmäusertum"*.

Insgesamt konnten zu dieser Inhaltskategorie die meisten semantisch voneinander unterscheidbaren Aussagen gezählt werden, d.h., daß Lehrer in diesem Zusammenhang die größten sprachlichen Differenzierungen vorgenommen haben.

c. Konsumverhalten

Bei den Lehrern aus den alten Ländern beziehen sich 10,9% aller kritischen Aussagen auf das *"Konsumverhalten bzw. Anspruchsdenken"* der Schüler sowie auf ihre *"materielle Orientierung"*. Dieser Aspekt hat für die Lehrer aus Thüringen - vielleicht weil dies im Zuge der Wiedervereinigung zum Zeitpunkt der Befragung für die Lehrer noch kein Problem darstellte - hingegen fast keine Bedeutung.

Beispiele: *"Ihr Konsumverhalten"; "Ablenkung von sich selbst im Freizeitverhalten"; "Wohlstandskinder"; "Zu stark materiell orientiert"; "Zu viel Video- und Computerkonsum"; "Viele Schüler arbeiten für Geld außerhalb der Schule, dadurch können sie nicht mehr ganz Schüler sein"; "Hohes Anspruchsdenken (orientiert am Arbeitnehmerverhalten)"; "Übersättigung".*

d. Schulische Leistungen

An vierter Stelle in der prozentualen Häufigkeitsverteilung stehen Aussagen über verschiedene Aspekte *"schulischer Leistungen"* (Lehrer-West: 10,8% aller Aussagen; Lehrer-Ost: 13,9%). Die im Vergleich mit allen anderen Nennungen - neben dem Desinteresse am Fach und an den Unterrichtsinhalten - an zweiter Stelle in der Häufigkeitsverteilung genannte Aussage betrifft die geringe Leistungsbereitschaft bzw. der mangelnde Leistungswille der Schüler. D.h., daß sich - in Relation zu anderen Antworten - mit die meisten Stellungnahmen der Lehrer auf den Leistungswillen und den Ehrgeiz der Schüler beziehen.

Beispiele: *"Geringe Leistungsbereitschaft"; "Bereitschaft, sich anzustrengen und etwas zu leisten, nicht besonders ausgebildet"; "Häufig geringe Anstrengungsbereitschaft"; "Zu geringer Ehrgeiz"; "Die Leistungsbereitschaft sinkt immer mehr, was aber auch mit dem Nachmittagsunterricht zusammenhängt".*

Ebenfalls kritisiert wird in diesem Zusammenhang, daß Schüler schulischen Belastungen häufig aus dem Wege gehen oder gar nicht erst belastbar sind und daß ihr Leistungsvermögen überhaupt zu Wünschen übrig läßt.

Beispiele: *"Jeder Belastung von außen aus dem Wege gehen wollen"; "Die geringer werdende Belastbarkeit"; "Ausweichen vor Schwierigkeiten"; "Viele Schüler sind weitgehend ungeeignet für die gymnasiale Oberstufe"; "Niveauverlust".*

e. Soziales Verhalten

10,7% (Lehrer-West) bzw. 9,3% (Lehrer-Ost) aller Aussagen wurden der Inhaltskategorie *"Soziales Verhalten der Schüler"* zugeordnet. Während sich nur die Lehrer aus den alten Ländern kritisch über den *"Egoismus"* und den *"Individualismus"* der Schülern äußern, kritisieren gleichermaßen beide Lehrerstichproben den gering ausgeprägten Gemeinschaftssinn bzw. das mangelnde Gemeinschaftsgefühl der Schüler sowie ihr unsolidarisches Verhalten gegenüber Mitschülern. Das Konkurrenzverhalten und -denken der Schüler untereinander sowie die Intoleranz gegenüber Andersdenkenden spielt in diesem Zusammenhang ebenfalls eine wichtige Rolle.

***Beispiele**: "Sozialverhalten"; "Sie verfolgen oft sehr egoistisch ihren Weg"; "Ichzentriertes Denken, 'Fun'-Orientierung"; "Überzogener Individualismus"; "Die eigene Bedürfnisbefriedigung hat Vorrang"; "Geringes Gemeinschaftsgefühl"; "Konkurrenzdenken"; "Zu wenig gegenseitige Rücksichtnahme"; "Der Leistungsdruck macht sie zu erbitterten Kämpfern; jeder gegen jeden"; "Meist sehr gute Schüler (Leistungen) haben meist sehr unsoziale Haltung".*

f. Engagement; Mitverantwortung

Als weitere Kritik nennen die Lehrer das geringe Engagement der Schüler in der Schule, ihre Passivität und ihr kaum ausgeprägtes (Mit-) Verantwortungsgefühl für das Schulleben. In diesem Zusammenhang sei auch erwähnt, daß sich neun Aussagen der Lehrer aus den alten Ländern und drei Lehreraussagen aus Thüringen auf das geringe politische bzw. soziale Interesse und Engagement der Schüler beziehen.

***Beispiele**: "Mangelndes Verantwortungsbewußtsein für die schulische Gemeinschaft"; "Zu wenig Engagement"; "Häufige Passivität"; "Wenig Einsatzbereitschaft auf freiwilliger Basis"; "Mangelnde Einsatzbereitschaft für 'non-profit' Unternehmungen"; "Unzureichendes Übernehmen von Verantwortung"; "Engagieren sich zu wenig im politischen und sozialen Rahmen"; "Politisch oft zu uninteressiert und uninformiert".*

g. Weitere Inhaltskategorien

Weitere, allerdings in der Häufigkeit der Nennungen vergleichsweise eher selten genannte Kritikpunkte beziehen sich auf die folgenden Inhalte:

- ***"Selbstkritisches Verhalten der Schüler"*** (z.B.: *"Wenig selbstkritisch"; "Mangel an Selbstkritik"*);
- ***"Identifizierung mit Schule"*** (z.B.: *"Viele wollen und sehen das Abitur als Fahrschein für die Reise in eine bessere wirtschaftliche Zukunft, der Sinn geht verloren"; "Eine zunehmende Zahl besucht das Gymnasium nur, um nicht eine Lehre beginnen zu müssen"; "Schule wird nur noch als notwendiges Übel (Job) angesehen"*);
- ***"Mangelnde Zuverlässigkeit bzw. Pünktlichkeit"*** (z.B.: *"Unzuverlässig"; "Unpünktlich"; "Unpünktliche Teilnahme am Unterricht"*);
- ***"Alkohol-, Drogen- und Zigarettenkonsum"***.

Unter der Kategorie ***"Sonstiges"*** subsumieren sich beispielsweise folgende Aussagen: *"Sie werden per Oberstufe infantilisiert gehalten"; "Wenig ausgeprägte Sekundärtugenden"; "Zu wenig Umgangsformen"; "Sicherheitsdenken"; "Mangelnde Moral"; "Sie sind zu behütet"; "Überbewertung der Leistungsbewertung"; "An einem Studium haben viele kein Interesse"; "Das geringe Interesse an der persönlichen Herkunft"; "Werteverlust"; "Zu wenig Bereitschaft, die eigene Situation als privilegiert zu betrachten"*.

4.2.2 Positive Stellungnahmen

Die Antworten zur Frage, was Lehrer an ihren Schülern positiv beurteilen, wurden insgesamt acht Inhaltskategorien zugeordnet. In Tabelle 10 sind die absoluten und prozentualen Häufigkeiten der Nennungen zu einer der entwickelten Inhaltskategorien im Einzelnen wiedergegeben (die Häufigkeiten der den Inhaltskategorien zugeordneten Aussagen befinden sich im Anhang).

Tabelle 10: Absolute und prozentuale Häufigkeiten von Nennungen positiver Äußerungen der Lehrer aus den alten Bundesländern und aus Thüringen über ihre Schüler

	Lehrer-West (N=197)		**Lehrer-Ost (N=50)**	
	Aussagen	**%-Anteil**	**Aussagen**	**%-Anteil**
1. Schülerpersönlichkeit	151	45,21	50	46,73
2. Lernen und Unterricht	58	17,37	27	25,23
3. Soziales Verhalten	37	11,08	4	3,74
4. Schulische Leistungen	20	5,99	15	14,02
5. Politisches Engagement/ Interesse	19	5,69	3	2,8
6. Lehrer-Schüler-Bez.	19	5,69	4	3,74
7. Engag.; Mitverantwortg.	13	3,89	0	0
8. Sonstiges	17	5,09	4	3,74
Summe	**334**		**107**	

a. Schülerpersönlichkeit

Die meisten Aussagen der Lehrer (Lehrer-West: 45,2%; Lehrer-Ost: 46,7%) beziehen sich inhaltlich auf unterschiedliche Persönlichkeitsaspekte der Schüler. Mit Abstand am häufigsten nennen die Lehrer die *"Aufgeschlossenheit"* und die *"Offenheit"* der Schüler, gefolgt von ihrem *"freundlichen, höflichen, netten Erscheinungsbild"* und ihrer *"Unkompliziertheit und Umgänglichkeit"*.

Beispiele: *"Ihre Offenheit"; "Sie sind unbefangen"; "Weltoffenheit"; "Freundlich, nicht aggressiv"; "Ungezwungenheit"; "Bei einer relativ großen Minderheit Aufgeschlossenheit für aktuelle Probleme (Zusammenleben der Völker, Umwelt, soziale Fragen)"; "Die Mehrzahl der Schüler ist aufgeschlossen und freundlich und ist bereit, sich zu engagieren"; "Selbstbewußtes, offenes Auftreten"; "Ich empfinde sie zumeist als offen und umgänglich"; "Ihre Unbeschwertheit"; "Ihre Aufgeschlossenheit, über zwischen-*

menschliche Probleme zu sprechen"; "Ihre Höflichkeit"; "Der aufgeschlossene Umgang miteinander"; "Sehr höflich und dennoch nicht förmlich im Verhalten mir gegenüber"; "Liebenswert, klug, open minded sind sie alle".

Weitere von den Lehrern als positiv eingeschätzte Persönlichkeitsmerkmale der Schüler sind:

- ***"kritisch"*** (z.B.: *"Kritische, hinterfragende Haltung"; "Ihre kritische Auseinandersetzung mit historischen und politischen Problemen"; "Sie sind kritisch gegenüber vielen Sachverhalten"; "Bemühen um kritische Auseinandersetzung"*);
- ***"selbständig"*** (z.B.: *"Relativ frühe Selbständigkeit"; "Frühzeitige Bereitschaft, das Leben selbständig zu meistern"*);
- ***"selbstbewußt"*** (z.B. *"Selbstbewußtes Vertreten der eigenen Meinung"*);
- ***"realistisch"*** (z.B.: *"Sie sehen den Problemen des Alltags realistischer ins Gesicht als die Generation zuvor"; "Sie wissen teilweise ganz gut, was für sie paßt"; "Realistische Selbsteinschätzung"; "Ihren ausgeprägten bürgerlichen Realitätssinn: Schule - Arbeit - Familie - Häuschen - Grab"*);
- ***"kreativ"*** (z.B.: *"Sie versuchen durch Kreativität gegen den 'Punktestreß' anzukommen, versuchen eigene Wege zu gehen, das wird ihnen aber zu oft erschwert bis unmöglich gemacht")*.

b. Lernen und Unterricht

An zweiter Stelle in der Häufigkeitsverteilung der genannten Aussagen stehen verschiedene Aspekte *"schulischen Lernens"* (17,4% aller Aussagen bei den west- und 25,2% bei den ostdeutschen Lehrern), wobei vor allem die positive Lernhaltung der Schüler, ihre gute Arbeitshaltung und die gute Lernatmosphäre sowie ihr Interesse am Fach und an den Inhalten genannt werden.

Beispiele: *"Bereitschaft zur Mitarbeit"; "Interesse an allen Fragen des Unterrichts, soweit sie wirklich die Person erreichen"; "Ihre Bereitschaft, sich auf das einzulassen, was ihnen geboten wird"; "Arbeitshaltung oft durchaus positiv"; "Aufgeschlossene Lernhaltung"; "Lernwille"; "Die Bereitschaft, sich auf vielen Gebieten Wissen anzueignen"; "Die Bereitwilligkeit* *bestimmter Schülergruppen, sich in 'harten' Fächern belehren/ausbilden/ erziehen zu lassen, obwohl sie das Abitur auch billiger bekommen könnten".*

c. Soziales Verhalten

Weitere positive Stellungnahmen zu Schülern betreffen das soziale Verhalten der Schüler. Dabei werden von den Lehrern vor allem das Gemeinschaftsgefühl, die Kooperationsfähigkeit bzw. -bereitschaft und die Kameradschaft/Kollegialität der Schüler genannt.

Beispiele: *"Kollegialität unter Schülern"; "Ihr Gemeinschaftsgefühl"; "Ihr unverkrampftes, freundliches Umgehen miteinander"; "Ihre Aktivitäten im Sinne der Gemeinschaft"; "Sozialer Umgang mit 'Patenkindern' (das sind Schüler aus der 5./6. Klasse..."; "Einfühlungsvermögen"; "Suche nach Gemeinschaften"; "Anerkennungen von Leistungen der Mitschüler"; "Solidarische Arbeitshaltung").*

d. Schulische Leistungen

6% (Lehrer-West) bzw. 14% (Lehrer-Ost) der Aussagen beziehen sich inhaltlich auf den Leistungswillen der Schüler bzw. auf ihren Ehrgeiz in der Schule.

Beispiele: *"Bereitschaft zur Leistung"; "Großer Fleiß"; "Bei einem großen Teil gelingt es, ein positives Leistungsverhalten zu erreichen, obwohl oft die Frage kommt: wofür?"; "Bereit, sich konkreten Anforderungen zu stellen"* .

e. Engagement und Mitverantwortung

Auch das schulische sowie das gesellschaftliche Engagement der Schüler wird von einigen Lehrern positiv beurteilt (z.B.: "*Es gibt Schüler, die sich sehr engagieren (Greenpeace, Mentoren für jüngere SchülerInnen), etwas für die Gemeinschaft zu organisieren. Dies wird im Leistungs/Punktsystem nicht honoriert. Das bedaure ich sehr*"; "*Die Vielseitigkeit einiger Schüler, sich außerunterrichtlich zu betätigen (z.B. Sport, Theatergruppen,*

Instrument spielen usw.)"; "Einsatz für die Schulgemeinschaft"; "Interesse an Fragen des öffentlichen/politischen Lebens und der Ökologie und dessen Umsetzung in entsprechende Aktivitäten".)
f. Lehrer-Schüler-Verhältnis

19 Aussagen der Lehrer aus den alten Ländern (5,7%) und vier der Lehrer aus Thüringen (3,7%) beziehen sich auf das Verhältnis zwischen Lehrern und Schülern. Im Vordergrund steht dabei das partnerschaftliche Verhältnis zwischen Lehrern und Schülern und der gegenseitige faire Umgang. ***Beispiele***: *"Schüler-Lehrer-Verhältnis ist partnerschaftlich"; "Das Lehrer-Schüler-Verhältnis läßt in den meisten Fällen partnerschaftliche Beziehungen zu, da sich ihr Verhalten trotz allem an bestehenden Vereinbarungen orientiert"; "Höflichkeit, dem Lehrer gegenüber".*

Diese Inhaltskategorie findet bei den kritischen Stellungnahmen der Lehrer keine Entsprechung.

g. Sonstiges

Unter der Kategorie *"sonstiges"* subsumieren sich z.B. die folgenden Aussagen: *"Mit jungen Leuten zusammenarbeiten"; "Sinnvolle Freizeitgestaltung; "Wille, das Abitur zu erhalten"; "Erinnerung an eigene Jugend"; "Werden nicht an 'Werther Fieber' sterben"; "Ihr Alter"; "Moralische Ansätze"; "Individualisierung"; "Ihre Zukunftsaussichten".*

4.2.3 Zusammenfassende Betrachtung kritischer und positiver Stellungnahmen der Lehrer über Schüler

Wie bereits betont, gaben die Lehrer aus den alten Ländern mehr kritische als positive Stellungnahmen über ihre Schüler ab. Die meisten kritischen Aussagen über Schüler beziehen sich vor allem auf motivationale Gesichtspunkte, die in unterschiedlichen Kontexten zum Ausdruck gebracht werden: das Desinteresse der Schüler an schulischen bzw. an unterrichtlichen Inhalten; die geringe Leistungsbereitschaft der Schüler; das Lernen und die Fächerwahl nur bzw. vor allem wegen der Noten/Punkte; die grundsätzlich negative Arbeitseinstellung der Schüler etc.. Würde man in dieser Hinsicht eine eigenständige Inhaltskategorie *"Motivation"* entwickeln, dann könnten insgesamt 205 Aussagen (37,3%) der Lehrer aus den alten Ländern bzw. 45 Lehreraussagen aus Thüringen (41,7%) dieser Kategorie zugeordnet werden. In Tabelle 11 sind die Häufigkeiten der entsprechenden Aussagen zu einer solchen Inhaltskategorie zusammengefaßt.

Tabelle 11: Absolute Häufigkeiten von Aussagen der Lehrer über verschiedene Motivationsaspekte bei Schülern

	Lehrer-W	**Lehrer-O**
	N-Aussagen	**N-Aussagen**
Desinteresse an Inhalten und am Fach	39	4
Mangelnde(r) Leistungsbereitschaft und -wille	34	12
Lernen nur wegen Noten/Punkten	33	7
Mangelndes Engagement	23	2
Mangelnde Arbeitseinstellung	21	6
Mangelnde Lernmotivation	19	8
Passivität	16	1
"Null-Bock-Mentalität"; Lustlosigkeit	11	2
Mangelndes politisches und soziales Interesse Engagement	9	3
Summe	**205**	**45**

Das Bild, das Lehrer in ihren kritischen Stellungnahmen vermitteln, ist vor allem durch eine mangelhafte motivationale Grundhaltung bzw. durch eine negative Einstellung der Schüler gegenüber der Schule und durch ein geringes Interesse der Schüler an schulischen Inhalten geprägt. In der Meinung der Lehrer fehlt es vielen Schülern an Ehrgeiz, an Interesse an den schulischen Lerninhalten, an Arbeitsbereitschaft sowie an der Kontinuität und Konzentration in der Mitarbeit. Darüber hinaus sind viele Schüler nur wenig leistungs- bzw. belastungsfähig und kaum bereit, Belastungen überhaupt auf sich zu nehmen. Ferner ist nach Meinung einiger Lehrer bei den Schülern ein übertriebenes Konsumverhalten und -denken vorhanden bzw. vielfach eine "Nehmermentalität" beobachtbar, die sich insbesondere dadurch auszeichnet, daß Schüler mit möglichst wenig Einsatz möglichst viel geboten bekommen und möglichst viel erreichen möchten.

Diesen kritischen Einschätzungen und Urteilen hinsichtlich motivationaler Gesichtspunkte steht allerdings auch eine Vielzahl positiver Stellungnahmen der Lehrer über ihre Schüler gegenüber, die sich insbesondere auf verschiedene Aspekte der Schülerpersönlichkeit beziehen. Auf der Seite positiver Stellungnahmen dominiert dabei vor allem die Aufgeschlossenheit und Offenheit der Schüler, ihre Unkompliziertheit und Umgänglichkeit, ihr freundliches, höfliches und nettes Erscheinungsbild, ihr Selbstbewußtsein, ihre Selbständigkeit, ihre kritische Einstellung, ihr Mut sowie ihre Risikobereitschaft als auch ihr Durchsetzungsvermögen. Demgegenüber bewerten die Lehrer die Kreativität der Schüler vermehrt kritisch als positiv und sie bemängeln darüber hinaus ihre Orientierungslosigkeit und ihre "Null-Bock-Mentalität", wobei im Vergleich zu den oben genannten, von den Lehrern als positiv eingeschätzten Persönlichkeitseigenschaften geringere Häufigkeiten der Nennungen dabei zu berücksichtigen sind.

Ebenfalls mehr kritische als positive Stellungnahmen beziehen sich - wie bereits betont - auf das Lernverhalten der Schüler (Interesse an den Lerninhalten, Wissen und Problembewußtsein). Auch in bezug auf die Leistungsbereitschaft der Schüler sind die Lehrer eher kritisch als positiv eingestellt. Im Hinblick auf die Konzentrationsfähigkeit der Schüler und auf ihre kontinuierliche Mitarbeit im Unterricht ist der Unterschied zwischen positiven und kritischen Stellungnahmen nicht sehr ausgeprägt, dies trifft gleichermaßen auf die Lernmotivation zu. In Bezug auf das Leistungsvermögen der Schüler äußern sich die Lehrer nur geringfügig kritischer als positiv.

Die kritischen Stellungnahmen der Lehrer über den *"Egoismus"* und *"Individualismus"* der Schüler finden bei den positiven Lehreraussagen keine Entsprechungen. Allerdings halten sich die kritischen und positiven Urteile der Lehrer über das Gemeinschaftsgefühl und -erleben, die Kameradschaft und Kollegialität der Schüler in der Häufigkeit der Nennungen in etwa die Waage.

Bei der Inhaltskategorie *"Engagement/Eigeninitiative und Mitverantwortung"* der Schüler äußerten sich die Lehrer sehr deutlich vermehrt kritisch als positiv. D.h., daß Lehrer ihre Schüler in der Tendenz ein eher geringes Engagement in der Schule zuschreiben, was durch die Aussagen über die Passivität der Schüler noch verstärkt zum Ausdruck kommt. Mehr positive als kritische Stellungnahmen finden sich dagegen im Zusammenhang mit dem politischen bzw. sozialen Engagement und Interesse der Schüler, wobei dabei allerdings die vergleichsweise geringe Anzahl von Nennungen/Aussagen zu berücksichtigen ist.

Die auf Seiten der positiven Stellungnahmen von den Befragten genannten Aspekte der *"Lehrer-Schüler-Beziehung"* finden keine Entsprechung bei den kritischen Aussagen. Einige Lehrer bewerten die partnerschaftliche Beziehung der Schüler zu ihnen als Lehrer sowie den fairen Umgang miteinander als positiv. Auch kommt dem von den Lehrern sehr häufig zum Ausdruck gebrachten, als kritisch eingeschätzten übertriebenen Konsumverhalten bzw. der starken materiellen Orientierung der Schüler auf Seiten positiver Stellungnahmen erwartungsgemäß keine Bedeutung zu.

4.3 Schulische Belastungen bei Lehrern

Bei der Beantwortung der Frage, welche Aspekte von Schule Lehrer persönlich als belastend empfinden, waren die Befragten sehr mitteilungsfreudig und hoch motiviert; nur drei Lehrer aus den alten Ländern und nur vier aus Thüringen beantworteten diese Frage nicht. Ferner wurden bei den Lehrern aus den alten Ländern 1.128 semantisch voneinander unterscheidbare Aussagen ermittelt (dies entspricht einem Anteil von 4,8 Aussagen pro Lehrer), bei den Lehrern aus Thüringen waren es 212, d.h. durchschnittlich 3,9 Aussagen pro Lehrer. Mehrfachnennungen zu den jeweils genannten, den verschiedenen Inhaltskategorien zugeordneten Aspekten schulischer Belastungen kommen bei der Beantwortung dieser Frage nicht vor, so daß die entsprechenden Häufigkeiten von Nennungen zu einem bestimmten Gesichtspunkt - nicht der Inhaltskategorie (!) - mit der Anzahl der Lehrer korrespondiert.

Nur wenige Lehrer gaben zu verstehen, daß sie sich durch Schule nicht belastet fühlen oder daß sie die von ihnen genannten Aspekte schulischer

Belastungen als normal bzw. als erträglich empfinden (z.B.: *"Ich fühle mich nicht belastet"; "Diese Belastungen empfinde ich als erträglich, denn ich bin mit großer Bereitschaft Lehrerin und davon überzeugt, daß andere Berufsgruppen mit größeren Belastungen leben müssen"; "Der Begriff 'belastend' ist so, wie er oben gebraucht wird, für mich nicht zutreffend! Ich empfinde Schule als Ganzes als Herausforderung ..."; "Mehr als drei Aspekte kann ich Gott sei Dank nicht nennen, denn ich liebe meinen Beruf und empfinde Unterrichten nicht als Belastung"; "Insgesamt empfinde ich die Belastungen in der Relation als gering ...").*

Die Aussagen der Lehrer wurden insgesamt 15 Inhaltskategorien zugeordnet, wobei auch in diesem Zusammenhang auf die bereits oben angesprochene Problematik bei der Systematisierung und inhaltlichen Zusammenfassung von Antworten hingewiesen wird (Mehrdeutigkeit der Aussagen; Reliabilität). In Tabelle 12 sind die absoluten und prozentualen Häufigkeiten der Nennungen pro Inhaltskategorie wiedergegeben (die Häufigkeiten der den Inhaltskategorien zugeordneten Aussagen befinden sich im Anhang).

Tabelle 12: Absolute Häufigkeiten von Nennungen sowie deren prozentualer Anteil bezüglich der von Lehrern als belastend empfundenen schulischen Aspekte

	Lehrer-West (N=234)		**Lehrer-Ost (N=55)**	
	Aussagen	**%-Anteil**	**Aussagen**	**%-Anteil**
1. Allgemeine Arbeitsbedingungen	360	**31,91**	88	**41,51**
2. Unterrichtsarbeit	284	**25,2**	48	**22,6**
3. Schüler und Schülerverhalten	150	**13,3**	17	**8**
4. Kollegium	86	**7,6**	5	**2,4**
5. Rolle und Auftrag/Image des Lehrers und/oder der Schule	42	**3,7**	14	**6,6**
6. Eltern	34	**3**	5	**2,4**

(Fortsetzung)	Lehrer-West (N=236)		Lehrer-Ost (N=55)	
	Aussagen	%-Anteil	Aussagen	%-Anteil
7. Zeit	30	2,7	1	0,5
8. Schulpolitische Fehlentscheidungen	23	2		
9. Erlebte Frustrationen	20	1,8	1	0,5
10. Schulleitung	19	1,7	4	1,9
12. Mangelnde Fort- und Weiterbildungsmöglichkeiten	13	1,2		
13. Beförderungsbedingungen und -aussichten	9	0,8		
14. Arbeitsplatzunsicherheit			5	2,4
15. sonstiges	58	5,1	24	11,3
Summe	1.128		212	

a. Allgemeine Arbeitsbedingungen

Mit Abstand am häufigsten nannten die Lehrer (Lehrer-West: N=111 bzw. 47%; Lehrer-Ost: N=25 bzw. 45,5%) in diesem Zusammenhang die von ihnen als belastend empfundene Verwaltungsarbeit bzw. unterschiedliche schulbürokratische Arbeiten.

Beispiele: *"Bürokratische Verfahrensweisen, die wir laut Dienstvorschriften einhalten müssen. Manches veranlaßt mich, lieber passiv zu sein, keine Aktivitäten zu entwickeln"; "Verwaltungsarbeit"; "Bürokratie"; "Unsinnige statistische Erhebungen"; "Gängelung durch unsinnige Erlasse"; "Steigender Verwaltungsaufwand und Papierkrieg"; "Überflüssige Verwaltungsarbeit"; "Vorschriftenflut"; "Zwang der oft sinnlosen Vorschriften"; "Rigide schulorganisatorische Paragraphen - nicht Inhalte"; "Formale Arbeiten (z.B. Listen)"; "Eine schier unendliche Lawine bürokratischer Reglementierungen"; "Fragebögen dieser Art in meiner Freizeit".*

Weitere Belastungen der Lehrer betreffen die zu große Klassen- und Kursstärke bzw. die Größen der Lerngruppen (***Beispiele***: *"Zu hohe Schülerzahlen in den Kursen"; "Zu starke Lerngruppen"; "Klassen mit über 30 SchülerInnen"*) sowie die Arbeitsressourcen (***Beispiele***: *"Fehlende technische Ausrüstung"; "Ungenügende Unterrichtsmaterialien"; "Unzureichende Arbeitsbedingungen"; "Ungünstige materielle Voraussetzungen, die die Arbeit erschweren (Geräte, Mobiliar, ...)"; "Interieur und technische Ausrüstung der Schule"; "Schlechte finanzielle Ausstattung der Schulen"; "Verschmutzung der Schule und der Umgebung"; "In der Schule gibt es keinen ruhigen Ort, außer dem Klo"; "Eigene Finanzierung von Klassenfahrten"; "Zu viele wichtige Arbeitsmittel werden von dem Lehrer nicht seitens der Schulverwaltung oder Schulträger zur Verfügung gestellt, sondern müssen selbst besorgt und bezahlt werde."*). Im Vergleich mit anderen, von den Lehrern aus Thüringen genannten Aspekten, empfinden diese vor allem die mangelhafte Sachausstattung und die schlechten räumlichen Bedingungen mit Abstand am belastenden (N=38 bzw. 69%).

Weitere Aspekte schulischer Belastungen beziehen sich im Zusammenhang mit den allgemeinen Arbeitsbedingungen auf die folgenden Dimensionen:

- ***"Konferenzen"***: (z.B.: *"Häufige Konferenzen"; "Konferenzen ohne Resultate"; "Allzu zahlreiche Konferenzen"; "Konferenzen, die keine pädagogische Diskussionen ermöglichen"; "Notenkonferenzen"*).
- ***"Lehrplan/Curriculum"*** (z.B.: *"Einengung meiner pädagogischen Möglichkeiten"; "Pädagogisches Interesse kommt aus Zeitgründen zu kurz, stoffliche Vorgaben"; "Zu große Gängelung durch curriculare Inhalte"; "Stoffliche Einengung der Unterrichtsinhalte"; "Ständig neue Lehrpläne"; "Entfremdung der eigentlichen pädagogischen Arbeit durch Reglementierungen"*).
- ***"Stundeneinteilung"*** (z.B.: *"Schlecht abgestimmte Lehrpläne"; "Ungünstiger Stundenplan (bis in den späten Nachmittag hinein = Nachlassen der Konzentration"; "Extrem schlechter Stundenplan bis spät nachmittags"*).
- ***"Stundendeputat"*** (z.B.: *"Zu viele Unterrichtsstunden, die nicht gut vorbereitet werden können"; "Zunahme des Stundendeputats"*).
- ***"Vertretungsstunden"*** (z.B.: *"Unterrichten in einer Vertretungsstunde = größte pädagogische Herausforderung"*).

- ***"Pausen und Unterrichtsbeginn"*** (z.B.: *"Zu früher Unterrichtsbeginn (z.B. 7:55)"; "Zu wenig Pausen"; "Ein Schulalltag bedeutet meist 5-7 Stunden für Schüler da zu sein ohne Pause, da in den Pausen organisatorische Aufgaben erledigt werden müssen"*)

b. Unterrichtsarbeit

Etwa ein Viertel aller Aussagen der Lehrer aus beiden Stichproben beziehen sich auf die alltäglichen Arbeiten, die im weitesten Sinne mit dem Unterricht zu tun haben, wobei die in diesem Zusammenhang genannten Belastungsaspekte mit Sicherheit in Abhängigkeit zu den o.a. allgemeinen Arbeitsbedingungen (Organisation; Reglementierungen; Erlasse; Lehrpläne etc.) zu betrachten sind.

118 Lehrer aus den alten Ländern (50%) bzw. 27 Lehrer aus Thüringen (49%) empfinden in diesem Zusammenhang die Korrekturen von Arbeiten als belastend.

Beispiele: *"Die Korrektur, besonders der Deutscharbeiten, ist sehr belastend, zeitraubend"; "Korrekturen schriftlicher Arbeiten"; "Steigende Belastungen durch Korrekturen"; "Korrekturen bei hohen Klassen- und Kursfrequenzen"; "Korrekturen ohne Lernertrag"; "Stupide Arbeiten wie Korrekturen".*

Weitere Belastungen betreffen die Notengebung (***Beispiele***: *"Zwang, Noten geben zu müssen"; "Gerechte Noten geben zu müssen"; "Noten machen zu müssen, besonders schlechte"; "Notwendigkeit der ständigen Leistungsbeurteilungen"*), den Mangel an Zeit bzw. an Möglichkeiten, auf einzelne Schüler (-probleme) einzugehen (***Beispiele***: *"Schülern nicht helfen zu können, wenn sie in Schwierigkeiten sind"; "Zu wenig Zeit, um auf Schülerprobleme individuell einzugehen"; "Aufgrund der Präferenz der Wissensvermittlung zu wenig Raum für Persönlichkeiten der Schüler"; "Fehlende Möglichkeiten, Schülern in Ausnahmesituationen wirklich helfen zu können"; "Massenabfertigung, dem einzelnen Schüler kann man nicht gerecht werden"*) sowie die Vorbereitungszeit bzw. den hohen Vorbereitungsaufwand (***Beispiele***: *"Zeitmangel bei Vorbereitungen"; "Unterrichtsvorbereitungen"; "Aktualisierung der Oberstufenthemen (Vorbereitungsaufwand)"; "Fehlende*

Zeit, um 1. situationsgemäße Konzepte zu entwerfen; 2. Unterrichtsgegenstände gründlich zu erarbeiten").

Einige Lehrer empfinden auch die außerschulischen Aktivitäten als belastend, wobei in diesem Zusammenhang vor allem die Durchführung von Schülerfreizeiten und Klassenfahrten sowie die AGs genannt werden. Ferner werden von den Lehrern die ständige Präsenz und das *"... ständig erzieherisch tätig werden/sein zu müssen ..."* sowie allgemeine Aspekte der Überforderung während des Unterrichts als belastend empfunden (***Beispiele***: *"Das Gefühl, jede Minute zu vieles beachten zu müssen (Schlaue, Schwache, der 'Stoff', die Motivation, Atmosphäre etc.)"; "Immer wieder neu motivierend einwirken zu müssen"; "Immer fit, locker, vorbereitet zu sein"; "Das Gefühl, nicht ganz auf der Höhe zu sein und sich durchmogeln zu müssen"; "Das Gefühl, aufgefressen zu werden"*).

c. Schülerverhalten

Im Zusammenhang mit dem Schülerverhalten empfinden die Lehrer vor allem deren mangelhafte Arbeitseinstellung und ihr Arbeitsverhalten als belastend, gefolgt von dem Umgang mit Schüler- bzw. Disziplinproblemen, die nach Ansicht der Lehrer zunehmen. ***Beispiele zur Arbeitseinstellung/zum Arbeitsverhalten der Schüler***: *"Die Konzentrationsmängel bei den Schülern"; "Das geringe Lerninteresse der Schüler"; "Arbeitshaltung der Schüler"; "Arbeiten mit denkfaulen Schülern"; "Die Passivität vieler Schüler"; "Sinkender Leistungswille der Schüler"; "Freizeitmentalität der Schüler"; "Unkooperatives Schülerverhalten"; "Desinteresse, Teilnahmslosigkeit der Schüler"*). ***Beispiele zu Schülerproblemen:*** *"Sinkende Toleranz-/Gewaltschwelle"; "Zunehmend SchülerInnen, die mehr Aufmerksamkeit brauchen, als es die übliche Schulstunde zuläßt"; "Zunahme problematischer (Disziplin) Schüler"; "Aggressives, rücksichtsloses Schülerverhalten"; "Zu viele Problemkinder"; "Erhebliche Belastungen durch verhaltensproblematische Schüler, die zahlenmäßig immer mehr zunehmen"*).

Als belastend empfunden werden von Seiten der Lehrer auch diejenigen Schüler, die ihrer Ansicht nach für das Gymnasium ungeeignet sind, sowie die in den Klassen bzw. in der Schule vorherrschende Unruhe, Hektik und der Lärmpegel (***Beispiele***: *"Zu geringe Auswahl für das Gymnasium*

Geeignete"; "Zu viele ungeeignete Schüler am Gymnasium"; "Viele schwache Schüler"; "Schüler in der falschen Schulform"; "Hektik, Streß"; "Lärm").

d. Kollegium

7,6% aller Aussagen der Lehrer aus den alten Ländern beziehen sich auf das Kollegium, wobei die Lustlosigkeit, die Resignation und die mangelnde Einsatzbereitschaft der Kollegen/innen am häufigsten genannt werden, gefolgt von dem schlechten Klima im Kollegium, der unzulänglichen Kooperationsbereitschaft und der als gering empfundenen Unterstützung durch Kollegen. (***Beispiele***: *"Lustlose Stimmung im Kollegium"; "Ignoranz der Kollegen"; "Unnütze Konflikte mit Kollegen"; "Kollegen, die ihren Beruf nicht (mehr) mögen"; "Zusätzliche Arbeitsbelastungen durch häufiges Fehlen und z.T. auch durch geringes Engagement von Kollegen"; "Unkollegiales Verhalten von Fachkollegen"; "Desinteresse von Kollegen an schulischen Belangen"; "Desinteresse an fachlicher Kooperation bei Kollegen"*).

Als weitere belastende Aspekte werden in diesem Zusammenhang genannt: die Inkompetenz von Kollegen/innen, die ungleiche Verteilung von Arbeiten im Kollegium, die Überalterung des Kollegiums, die Unflexibilität von Kollegen/innen und der Mangel an fachlich-pädagogischem Austausch mit Kollegen. (***Beispiele***: *"Inkompetenz von Kollegen"; "Starres Verhalten von Kollegen"; "Unflexibilität vieler Kollegen"; "Zu altes Kollegium; Verdrossenheit statt Schwung"; "Einseitig hohe Belastung bestimmter (als leistungsfähig bekannter) Kollegen, fehlende Einbeziehung der anderen"; "Zu wenig inhaltliche Gespräche mit Kollegen"*).

e. Rolle und Auftrag/Image des Lehrers und der Schule

Insbesondere die Lehrer aus Thüringen empfinden die Verunsicherungen, die mit dem in der Gesellschaft vorherrschenden und zunehmend schlechter werdenden Image des Lehrerberufes einhergehen, als belastend. Bei den Lehrern aus den alten Ländern kommt noch das schlechte Ansehen des Gymnasiums in der Öffentlichkeit als weiterer Belastungsfaktor hinzu. (***Beispiele***: *"Massive Verunsicherung in der Rolle als Lehrer durch die* *gesamte Gesellschaft, da sich in der Schule die allgemeine Umwertung widerspiegelt"; "Mangelnde Anerkennung des Lehrerberufs in der Öffentlichkeit"; "Negatives Image des Gymnasiums in der Bevölkerung"; "Ständig in der öffentlichen Kritik als Berufsgruppe"; "Fehlender bzw. unzureichender Status des Ost-Lehrers"; "Unsere Arbeit wird von der Öffentlichkeit nicht anerkannt"*). Ferner empfinden es einige Lehrer aus den alten Ländern als belastend, daß Schule zunehmend mit familiären, erzieherischen und/oder gesellschaftlichen Mißständen konfrontiert wird, mit denen sie (die Schule) im Grunde genommen aber nicht umgehen und fertig werden kann.

Beispiele: *"Abwälzen der Alltagsprobleme auf die Schule, ohne Kürzung der Lehrpläne"; "Das Bewußtsein, in einem Betrieb zu stecken, in dem bestenfalls erzieherische Notreparaturen an jungen Menschen vorgenommen werden, die schon geschädigt herkommen"; "Schule als Flickwerkstatt für allgemeine gesellschaftliche Probleme"; "Tendenz, die fehlende Erziehung durch Elternhaus/Familie der Schule anzulasten"; "Ein Grundproblem liegt wohl darin, daß die Schule immer mehr als Reparaturbetrieb für allerorts entstehende gesellschaftliche Probleme in Anspruch genommen wird, also auf Feldern, zu deren Bearbeitung ihre vorhandenen Mittel und Strukturen nicht geeignet sind. Die Folgen machen sich dann in allen Bereichen der pädagogischen Alltagsarbeit bemerkbar und das ist belastend. Die Summe macht es"; "Abwälzen der Alltagsprobleme auf die Schule ohne Kürzung der Lehrpläne"..*

f. Weitere Aspekte schulischer Belastungen

- ***Eltern*** (z.B.: *"Elternabende und -beratung"; "Fehlende Unterstützung durch Elternhaus"; "Zu viele Diskussionen mit Eltern"; "Erwartungsdruck der Eltern"; "Uneinsichtige Eltern"; "Elterngespräche (sind natürlich notwendig)"*).
- ***Zeit*** (z.B. *"Termindruck"; "Zeitnot"; "Immer mehr Aufgaben müssen in der Freizeit erledigt werden"; "Kein echter Feierabend"*).
- ***Schulpolitische Fehlentscheidungen*** (z.B.: *"Spielball der Bildungspolitik"; "Schule als Experimentierfeld profitsüchtiger und dogmatischer Politiker"; "Schule als Spielwiese für Bildungspolitiker und Parteipolitiker"; "Schul- (Welt-) fremde Maßnahmen der Bildungspolitik"; "Parteipolitisch einseitige Schulpolitik"; "Schulpolitische Entscheidungen*

hinken der schulischen Realität immer hinterher"; "Parteipolitisch einseitige Schulpolitik/ Scheindemokratie").

- ***erlebte Frustrationen*** (z.B.: *"Viele Mißerfolgserlebnisse"; "Das Gefühl, Schüler nicht zu erreichen"; "Geringer Erfolg meiner pädagogischen Arbeit"; "Man hat nie das Gefühl, genug getan zu haben"; "Zu sehen, daß Schüler unter der Schule leiden").*
- ***Schulleitung*** (z.B.: *"Ängstliche Schulleitung"; "Auseinandersetzung mit Schulleitung wegen pädagogischer Fragen"; "Inkompetenz der Vorgesetzten"; "Behandlung durch Schulleitung").*
- ***Fort- und Weiterbildung*** (z.B.: *"Wahrnehmung von Weiterbildung, die in der Unterrichtszeit liegen und somit Verlegen des Unterrichts bedeuten"; "Übernahme von Fächern/Fachgebieten ohne geeignete, vorherige Fortbildung"; "Keine Zeit für Weiterbildung").*
- ***Beförderungsaussichten,*** die allerdings nur von den Lehrern aus den alten Ländern thematisiert wurden (z.B.: *"Bessere Beförderungsmöglichkeiten für Lehrer, die sich im Unterricht bewähren"; "Keine Aufstiegschancen - alle werden gleich behandelt, trotz unterschiedlicher Qualifikationen"; "Beförderungsmodus").*
- ***Arbeitsplatzunsicherheit*** bei den Lehrern aus Thüringen (z.B.: *"Rechtsunsicherheit"; "Die total frustrierende Unsicherheit seit drei Jahren, daß wir wieder nur Befehlsempfänger sind").*

Unter der Kategorie ***"Sonstiges"*** subsumieren sich beispielsweise folgende Aussagen: *"Der große Altersunterschied, d.h. unterschiedliche Anschauungen Lehrer-Schüler (ich bin zu alt)"; "Große Zahl (zunehmend) ausländischer Schüler aus verschiedenen Kulturen"; "Ich werde älter, die Schüler nicht"; "Diskontinuitäten im Erziehungsprozeß"; "Unerträgliche Politisierung/Ideologisierung aller Bereiche von links"; "Das krampfhafte Füllen der letzten Unterrichtsstunde"; "Das Spannungsverhältnis zwischen eigenem Anspruch und Wirklichkeit auszuhalten"; "Praktikanten"; "Widerspruch zwischen Schulalltag und gesellschaftlicher Realität"; "Pausenaufsicht"; "Das Unvermögen zum Abschalten am Wochenende und Feierabend"; "Das gewisse Leiden an der Schule"; "Die Zahl der Egozentriker - keiner hört zu"; "Einfluß der Medienwelt auf Schüler".*

4.4 Zusammenfassende Betrachtung der Lehreraussagen zu schulischen Belastungen

Annähernd ein Drittel aller Lehreraussagen können unter dem Aspekt "Zeit" betrachtet werden, wobei von den Lehrern sowohl der Zeitmangel als auch die (unnütze) Verschwendung von Zeit in unterschiedlichen Kontexten zum Ausdruck gebracht werden. Besonders hervorzuheben sind in diesem Zusammenhang die von vielen Lehrern genannten Korrekturen von Schülerarbeiten, die von ihnen vor allem wegen der damit einhergehenden zeitlichen Beanspruchung als belastend empfunden werden. Nicht wenige Lehrer meinen, daß ihre Freizeit darunter leidet. Weitere schulische Belastungen betreffen die Konferenzen, die nach Meinung einiger Lehrer oft unsinnig, unnütz und unproduktiv sind und die von den meisten der Befragten als zu zeitraubend, zu lang bzw. als zu häufig stattfindend bezeichnet werden. Auch die Vorbereitungszeit bzw. der hohe Vorbereitungsaufwand, die außerschulischen Aktivitäten, das zu hohe Stundendeputat und die Stundeneinteilung sowie die Vertretungsstunden betreffen den Zeitaspekt.

Ein als belastend empfundener Mangel an Zeit bezieht sich hingegen vor allem auf die folgenden Gesichtspunkte: kaum Zeit, auf einzelne Schüler (-probleme) einzugehen; kaum Zeit zur Themenvertiefung und zur Reflexion der eigenen Arbeit, zu wenig Pausen sowie allgemeine Zeitnot bzw. allgemeiner Zeit- und Termindruck. Als weitere, mit dem Zeitaspekt einhergehende Belastungen beziehen sich auf den zu frühen Unterrichtsbeginn und auf die Tatsache, daß die Lehrer meinen, niemals Feierabend und zu wenig Freizeit bzw. zu wenig Zeit für die eigene Familie zu haben und auch nie abschalten zu können.

Der Zeitaspekt spielt bei den von den Lehrern genannten, als belastend empfundenen schulischen Gegebenheiten in verschiedenster Hinsicht demnach eine wichtige Rolle. Dieser steht allerdings häufig untrennbar mit den seitens der Lehrer häufig zum Ausdruck gebrachten Reglementierungen und Einschränkungen in Zusammenhang. Entsprechend beziehen sich die Mehrzahl der von den Lehrern genannten Aspekte schulischer Belastungen auf die allgemeinen Arbeitsbedingungen; dazu konnten auch die meisten, semantisch voneinander unterscheidbaren Aussagen gezählt werden. In dieser Hinsicht empfinden es die Lehrer als belastend, die an sie herangetragenen schulbürokratischen Arbeiten und Verwaltungsarbeiten zu bewältigen sowie der Flut von Erlassen bzw. Richtlinien gerecht werden zu müssen. Bei diesen Aussagen kommt deutlich zum Ausdruck, daß sich sehr viele Lehrer in ihrer Arbeit eingeschränkt und reglementiert fühlen und daß sie häufig den Sinn von Vorschriften, Erlassen und schulbürokratischen Arbeiten etc. nicht nachvollziehen können, indem sie diese häufig als unnötig oder unnütz einschätzen bzw. bezeichnen.

Weitere, von den Lehrern als belastend empfundene Einschränkungen und Reglementierungen stehen mit den Lehrplänen und Curricula im Zusammenhang. So sind viele Lehrer der Meinung, daß Lehrpläne, Rahmenrichtlinien und Curricula vor allem auf die Wissensvermittlung ausgerichtet sind und ein sinnvolles pädagogisches Handeln oft erschweren oder kaum zulassen und daß sie den eigenen pädagogischen Handlungsspielraum häufig einengen. Auch der von den Befragten als belastend angegebene hohe Vorbereitungsaufwand steht damit in Zusammenhang. So bleibt nach Ansicht vieler Lehrer kaum Zeit, Themen im Unterricht zu vertiefen, die eigene Arbeit zu reflektieren sowie auf einzelne Schüler und auf Schülerprobleme einzugehen, was ebenfalls wichtige Belastungsfaktoren für Lehrer darstellen. Eingedeckt und belastet durch die zu bewältigende Menge an zu vermittelndem Wissen meinen viele Lehrer, daß der persönliche Umgang mit Schülern und die intensive Auseinandersetzung mit Schülerproblemen viel zu kurz kommt.

Zu den allgemeinen, die Arbeit der Lehrer einschränkenden Bedingungen zählen mitunter auch die als zu groß empfundenen Lerngruppen, Klassen oder Leistungskurse wie auch die schlechte Ausstattung der Schulen. Letzteres trifft vor allem für die Lehrer aus Thüringen zu, die anscheinend (noch) unter z.T. untragbaren Zuständen bzw. äußeren Rahmenbedingungen arbeiten müssen. Es mangelt an geeigneten Materialien für den Unterricht (z.B. Medien, Schulbücher) und die räumlichen Verhältnisse sind z.T. desolat, was die Thüringer Lehrer dazu veranlaßt hat, dies in diesem Zusammenhang vermehrt zu thematisieren.

Viele schulische Belastungen der Lehrer stehen auch im Zusammenhang mit den Schülern, d.h. vor allem mit ihrem (Arbeits-) Verhalten und mit ihrer Einstellung zur Schule und zum schulischen Lernen. So empfinden es die Lehrer als belastend, wenn sie in ihrer täglichen Arbeit immer wieder auf Desinteresse bei Schülern stoßen und mit lernfaulen, demotivierten sowie mit für das Gymnasium ungeeigneten Schülern zu tun haben und wenn sie ständig motivierend auf Schüler einwirken bzw. erzieherisch tätig sein müssen. Ein Pädagoge hat es treffend so formuliert, daß er seine Unterrichtsarbeit als *"One-Man-Show"* empfindet. Ebenfalls belastet die Lehrer der Umgang mit - nach ihrer Meinung zunehmenden - Schülerproblemen, wobei vor allem Disziplinprobleme, Aggressionen und Gewalt bei bzw. unter Schülern genannt werden. Die empfundene und zum Ausdruck gebrachte Hilflosigkeit einiger Lehrer im Umgang mit und bei der Bewältigung von Schülerproblemen spielt dabei ebenfalls eine große Rolle .

Im Hinblick auf die Notengebung empfinden es viele Lehrer als belastend, daß sie - indem sie Schüler bewerten bzw. benoten müssen - z.T. eine hohes Maß an Mitverantwortung für die Schüler (z.B. über die Zukunft der Schüler oder über Konsequenzen aufgrund schlechter Benotungen) tragen. Nur selten werden dabei die Auseinandersetzungen und Rechtfertigungen bzw. die ständigen Diskussionen mit Schülern bezüglich der Noten genannt.

4.5 Bemerkungen der Lehrer zum Fragebogen

Achtzig Lehrer nahmen die Gelegenheit wahr, unter der Rubrik *"Bemerkungen"* die Befragung bzw. den Fragebogen zu kommentieren. 40 von 83 Aussagen beziehen sich auf die Befragung selbst, davon 17 auf ergänzende Kommentare zu einzelnen Fragen bzw. auf Verbesserungsvorschlägen zum Fragebogen (***Beispiele***: *"Zu Frage 144/145: Ich hätte manchmal mehr Einfluß auf die Erziehung, doch es ist nicht die Aufgabe des Lehrers, die Rolle der Eltern/Familie etc. zu übernehmen/zu ersetzen"; "Zu Frage 31 und ähnliche: trotz gutem Verhältnis sprechen Schüler sehr selten über persönliche Probleme, nur über solche, die sich im Schulalltag ergeben"; "Bei I. 8 müßte nach den Gründen gefragt werden"*).

15 Lehrer äußerten sich explizit negativ über die Befragung bzw. über einige Fragen im Fragebogen (***Beispiele***: *"Manche Fragen sind zu suggestiv (hinsichtlich unausrottbarer Vorurteile bzw. Klischees von Schule/Lehrer) und in der Sache kaum differenziert (so ist Frage 25*[2] *insofern unsinnig, als*

---

[2] Item 25: *"Schulisches Lernen ohne Noten/Punkte wäre meiner Meinung nach sinnvoller"*

man zwar die Maßnahme befürworten kann, dabei aber übersieht, daß die Gesellschaft, für die Schule ausbilden soll, leistungsorientiert bleibt!"; "Manche Fragen bergen die Gefahr von pauschalen oder klischeehaften Urteilen"; "Die Bearbeitung des Fragebogens hat mir wenig Freude gemacht, weil sich bei uns in den neuen Bundesländern noch zu viel in den Köpfen und Herzen der Schüler und Lehrer abspielt, was man mit diesen Fragen nicht zum Reflektieren bringen kann").

Fünf Kommentare beinhalten hingegen positive Stellungnahmen zum Fragebogen (z.B. *"Ich finde den Fragebogen im ganzen gut. Ich habe bei der Beantwortung z.B. gemerkt, wie oft Ideal und Wirklichkeit auseinanderklaffen. Aber vielleicht ist es nicht sehr intelligent, dies jetzt erst zu merken"; "Ich begrüße es sehr, daß eine solche Umfrage gemacht wird, um den vielen Äußerungen zu dem Thema Schule eine wissenschaftliche Basis zu geben"*) und drei Lehrer äußern explizit den Wunsch, über die Ergebnisse dieser Befragung informiert zu werden.

Insgesamt 34 Bemerkungen beziehen sich in verschiedenster Hinsicht auf die Schule, auf den Beruf des Lehrers und auf bildungspolitische Aspekte. ***Beispiele***: *"Bedauerlicherweise sind unfähige und ideologiebesessene Bildungspolitiker die Hauptursache für die Unzufriedenheit der Lehrer- und Schülerschaft. Politische Fehlleistungen, die ein einigermaßen funktionierendes Schulsystem zugrunde richten, sind u.a.: a) Erhöhung der Klassenmaßzahlen; b) Erhöhung der Lehrerstundenzahl; c) Neuregulierung der Leistungsanforderungen; d) Abschaffung der Schullaufbahnempfehlungen; e) Förderung der Gesamtschulen auf Kosten des dreigliedrigen Systems und dies, obwohl offensichtlich ist, daß die Effektivität der Gesamtschulen trotz größerer finanzieller und personeller Ausstattung geringer ist; f) Stundenkürzung in der Unter- und Mittelstufe; g) evtl. Streichung des 13. Schuljahres."; "Insgesamt sollte der Oberstufenlehrer (ähnlich wie der Dozent an der Universität) bei den Pflichtstunden entlastet werden, um mehr Zeit (Beratung etc.) für seine Schüler zu haben."; "Grundsätzlich glaube ich, daß Lehrer sich leicht unterschätzen, da sie nur mit jungen Menschen zu tun haben und kaum eine Kontrolle besteht - Selbstkritik fehlt oft! Im wesentlichen ist Schule lebendig, wenn man selbst dazu beiträgt und flexibel bleibt. Augenblickliche Überbelastungen werden meist durch eine ruhigere Phase dann wieder ausgeglichen."; "Inhaltlich-menschlich-qualitativ - ein schöner Beruf; formal-institutionell-quantitativ - oft belastend."; "In einer*

Großstadtschule kann die Beziehung zwischen Lehrern und Schülern kaum sehr intensiv sein, weil es eine Menge Möglichkeiten gibt, die Freizeit außerhalb der Schule zu gestalten. Gerade erwachsene Schüler genießen es, 'anonym' zu leben und genießen diese Freiheit (auch Vorbereitung auf Anonymität der Unis)."; "Meines Erachtens wird durch die desolaten Rahmenbedingungen (zu große Lerngruppen, schlechte Ausstattung, zu viel Bürokratie, verwahrloste Gebäude) das bisherige Schulsystem allmählich, ähnlich wie in den Staaten, zugrundegerichtet. Privatschulen werden stärkere Bedeutung erlangen und die Chancengleichheit wird leider dadurch abgebaut."; "Kann Schule eigentlich besser sein als das gesellschaftliche System, dem sie angehört? Meine Wunschvorstellung von Schule und Lernen findet sich u.a. im päd. Konzept von MARILYN FERGUSON in: 'Die sanfte Verschwörung' - eine Aufgabe für das 21. Jahrh. und eine Notwendigkeit, wenn es uns ernst ist mit der Gestaltung einer humanen Welt. Dies setzt allerdings ein verändertes gesellschaftl. Umfeld bzw. Weltsystem voraus!!"; "Ich habe das Gefühl, daß Schule im Laufe der Jahrzehnte, wie ich sie wahrnehme, immer unpersönlicher geworden ist."; "Am schlimmsten ist die Fremdbestimmtheit. Das zieht sich durch das gesamte staatliche Schulsystem."; "Es ist an der Zeit, daß Schule sich radikal ändert, um den heutigen jungen Menschen gerecht zu werden. Die Vermittlung von 'reinem' Wissen ist nicht mehr zeitgemäß. Es müssen vielmehr ethische und moralische sowie persönlichkeitsfördernde Aspekte in den Vordergrund treten. Anfangen muß dies natürlich bei den Lehrern, weil sie nichts vermitteln können, wovon sie keine Ahnung haben. Diese Veränderungen würden auch eine tiefgreifende Reform der gesamten Methodik mit sich bringen." ; "Schule ist zu offen; es kommen zu viele Schüler, deren Scheitern vorhersehbar ist, sich aber oft doch lange und quälend hinzieht."; "Interesse und Anerkennung des Auftraggebers fehlen bzw. gehen zurück; im Verhältnis zum Haushaltsvolumen ist mein Gehalt beständig gesunken."; "Dilettantisches Schulmanagement, Stundenpläne werden z.B. eher nach privaten Bedürfnissen der Kollegen als nach Koordinationsbedürfnissen eines Fach- oder Klassenkollegiums aufgestellt"; "Man müßte Schule ändern - ändern - ändern".

Sieben Bemerkungen beziehen sich auf die bereits genannten Aspekte schulischer Belastungen und drei wurden der Kategorie "***Sonstiges***" zugeordnet (z.B.: *"Ein Blatt fehlt"*).

5 Zusammenfassende Betrachtung der Ergebnisse und Diskussion

Die Aufgabe, die sich im Rahmen dieser Untersuchung stellte, war es zu ergründen, wie Schule - unter unterschiedlichen Aspekten betrachtet - von Lehrern wahrgenommen und beurteilt wird. Damit einhergehend konnten wichtige Anhaltspunkte dafür gefunden werden, welche Anforderungen die Befragten an ihre Tätigkeit als Lehrer stellen, welche Erwartungen sie damit verknüpfen, welche Schwerpunkte sie in ihrer Arbeit setzen und wo ihre Wünsche und Vorstellungen nur unzureichend erfüllt werden. Insofern können aus den Ergebnissen dieser Studie auch Rückschlüsse darüber gezogen werden, wie sich Schule derzeit definiert, welche Funktion sie im Rahmen der Bildung und Erziehung Jugendlicher schwerpunktmäßig hat und wo Schule ihrer Aufgabe nur unzureichend gerecht wird. Denn es sind vor allem die Lehrer, die das in ihrem Handeln und Verhalten realisieren bzw. die das nach außen hin vermitteln und zum Tragen kommen lassen, was Schule offiziell ausmacht. Es konnten ebenfalls wichtige Hinweise dafür gefunden werden, ob und inwieweit Schule aus der Perspektive der Lehrer auf die veränderten Bedingungen und Anforderungen, die in der derzeit aktuellen Diskussion um neue Konzeptualisierungen von Schule immer wieder zum Ausdruck gebracht werden, reagiert und inwieweit sie den Erwartungen und Vorstellungen, die sie als Pädagogen mit Schule verknüpfen und die die Jugendlichen nach ihrer Meinung an Schule, Lehrer und Unterricht haben, entspricht. Gleichermaßen wurde hinreichend deutlich, welche Meinung Lehrer über ihre Schüler haben und welche Rolle sie ihnen wie auch sich selbst im Rahmen der so oft postulierten (Sinn-) Krise der staatlichen Schulbildung in der Bundesrepublik Deutschland zuschreiben.

5.1 Schule im Urteil von Lehrern aus den alten Bundesländern und aus Thüringen

Aus dem Antwortverhalten der Befragten geht deutlich hervor, daß die Lehrer aus den alten Bundesländern weitaus kritischer sind, wenn es um die Beurteilung ihrer Schüler, um die Einschätzung der Umsetzung bzw. der Realisierung verschiedener Sinn- und Funktionsaspekte von Schule als auch um die Selbsteinschätzungen ihrer psychologisch-pädagogischen Fähig- keiten, ihres Verhältnisses zu Schülern wie auch ihres Einflusses auf Schüler geht. Die Befragten aus Thüringen geben demzufolge eine positivere Meinung und Einstellung gegenüber Schule und ihren Schülern zum Ausdruck und sie schätzen ihre Fähigkeiten, Kompetenzen und Einflußmöglichkeiten etc. zum größten Teil weitaus günstiger ein. Diese Befunde dürfen aufgrund der geringen Stichprobengröße bei den Lehrern aus Thüringen jedoch nicht überinterpretiert werden und es bedarf weiterer Untersuchungen, um entsprechenden Tendenzen nachzugehen. Dennoch stehen sie im Einklang mit den Ergebnissen einer den "Ost-West-Vergleich nach der Wende" gleichsam thematisierenden Studie, bei der Lehrer aus Sachsen und aus Sachsen-Anhalt das Bildungssystem und seine Leistungsfähigkeit in verschiedenster Hinsicht ebenfalls z.T. weitaus positiver beurteilt haben, als vergleichsweise ihre Lehrerkolleginnen und -kollegen aus Nordrhein-Westfalen (vgl. Arbeitsgruppe Schüler In Deutschland, 1990). Zur Einschätzung und Bewertung des Schulstrukturwandels im Bundesland Thüringen sei in diesem Zusammenhang ebenfalls auf die Studie der Pädagogischen Hochschule Erfurt hingewiesen (Weishaupt & Zedler 1993).

5.2 Akzeptanz von und Identifizierung mit Schule

Den Urteilen und Selbsteinschätzungen der Befragten folgend, scheinen Lehrer auf den ersten Blick mit ihrer schulischen und beruflichen Situation sehr zufrieden zu sein, indem sie mehrheitlich zum Ausdruck geben, sich in der Schule wohl zu fühlen und gerne Lehrer zu sein. Dennoch meinen immerhin ein Fünftel der west- und ein Viertel der ostdeutschen Lehrer, daß sie heute - wenn sie nochmals wählen könnten - einen anderen Beruf als den des Lehrers ergreifen würden. Dagegen fühlt sich lediglich ein kleiner Teil der Befragten in der Schule nur einseitig gefordert oder könnte sich etwas Sinnvolleres vorstellen, als in der Schule zu arbeiten. Kaum ein Lehrer glaubt hingegen, den Anforderungen in der Schule häufig nicht gewachsen zu sein.

Diese Ergebnisse entsprechen in der Tendenz auch den Befunden aus anderen Untersuchungen zu dieser Thematik, bei denen ebenfalls ein hoher Grad an Berufszufriedenheit bei Lehrern festgestellt werden konnte (z.B. Littig 1980; Elbing & Dietrich 1982; Chase 1986; Eckerle & Kraak 1993). Angesichts des in der fachwissenschaftlichen wie auch in der öffentlichen Diskussion häufig zum Ausdruck gebrachten negativen Image staatlicher

Schulen und dem Lehrerberuf selbst hätte man allerdings durchaus auch erwarten können, daß sich dies einschränkend(er) auf die allgemeine Berufszufriedenheit der hier befragten Lehrer auswirkt. Die mitgeteilten Lehrermeinungen und -aussagen stehen dem öffentlichen Bild über Schule und Lehrer daher im Grunde genommen diametral entgegen, weshalb Spekulationen über die soziale Erwünschtheit bei den Urteilen der Lehrer durchaus naheliegend sein könnten. Bei einer solchen Untersuchung ist nicht auszuschließen, daß die Befragten bestrebt sind, den eigenen Berufsstand nach außen hin zu repräsentieren sowie die persönliche Identifikation mit der eigenen Arbeit und mit der Rolle im Berufs- und damit im gesellschaftlichen Leben aufrechtzuerhalten. Die Verzerrung der wahrgenommenen Realität aufgrund von personenspezifischen und rollenadäquaten Haltungen und Erwartungen sowie aufgrund von Selbstdarstellungspräferenzen und intraindividuellen Bewertungen ist in der Sozial- und Wahrnehmungspsychologie ja ein altbekanntes Phänomen (vgl. Elbing & Dietrich 1982, 95). Entsprechende Motive sind bei Untersuchungen zur allgemeinen Berufszufriedenheit mit Sicherheit als relevant anzusehen, aber auch nicht unbedingt zwingend. Denn es muß ebenfalls berücksichtigt werden, daß wir es bei dieser Studie vermutlich mit sehr engagierten Lehrern zu tun haben, die sich - entgegen vieler anderer Kolleginnen und Kollegen - trotz ihrer beruflichen Belastungen Zeit genommen haben, den recht umfangreichen Fragebogen zu bearbeiten. Ferner ist denkbar, daß Selbsteinschätzungen zur Berufszufriedenheit in Abhängigkeit konkreter Alternativen zu betrachten sind. So erscheint der Beruf des Lehrers auf den ersten Blick trotz vieler belastender Faktoren immer noch sehr attraktiv zu sein, zumindest gemessen an vielen anderen Berufen im öffentlichen Leben. Darüber hinaus tragen Fragen nach der beruflichen Zufriedenheit in der hier gewählten, eher allgemeingehaltenen Form sicherlich auch mit dazu bei, positive Antworten zu provozieren; denn wer würde von sich - auch unter Abwägung aller Widrigkeiten, Schwierigkeiten und alltäglichen Probleme seiner Arbeit - gerne zugeben wollen, unter dem Strich mit der eigenen Tätigkeit unzufrieden zu sein? Dafür spricht vor allem die Tatsache, daß sich die mitgeteilten Befunde zur allgemeinen Berufszufriedenheit der Lehrer relativieren, wenn man konkret nach spezifischen schulischen Situationen fragt. Sie stehen daher auch nicht im Widerspruch zu erlebten Unzufriedenheiten in Teilbereichen der alltäglichen Arbeit von Lehrern.

Hinweise dafür finden sich in dieser Studie im Zusammenhang mit der von etwa der Hälfte der Befragten zum Ausdruck gebrachten Meinung, sich als Lehrer aufgrund zu vieler Reglementierungen und Vorschriften in ihrer Arbeit bzw. durch Unterrichtsvorbereitungen, durch das Korrigieren von Arbeiten etc. in ihrer Freizeit eingeschränkt zu fühlen. Hinweise dafür finden sich jedoch insbesondere auch bei den Aussagen der Lehrer zur offenen Frage nach den von ihnen erlebten schulischen Belastungen. Diese zeigen eindeutig, daß Reglementierungen und Einschränkungen auf verschiedenen Ebenen bzw. in unterschiedlichen Kontexten - insbesondere im Zusammenhang mit den allgemeinen Arbeitsbedingungen - für die Befragten einen hohen Stellenwert im Hinblick auf erlebte schulische und berufliche Belastungen haben: Reglementierungen durch Verwaltungsvorschriften, Erlasse und Richtlinien, durch die Lehrpläne und Curricula, durch starre Stundeneinteilungen etc., aber auch durch zu große Klassen/Kurse und/oder durch fehlende Ressourcen (Sach- und räumliche Ausstattung). Die Befunde zu den von den Lehrern als belastend empfundenen Aspekten des Lehrerberufes stehen ebenfalls im Einklang mit den Ergebnissen anderer Untersuchungen zu dieser Thematik (siehe dazu zusammenfassend in der Zeitschrift "Pädagogik" 1990; 1993).

Die Befragten sehen sich demnach einer Vielzahl einschränkender Bedingungen ihrer Arbeit und ihrer Handlunsgmöglichkeiten ausgesetzt, die sie z.T. veranlassen, sich als fremdbestimmt, gegängelt und als Spielball politischer (Fehl-) Entscheidungen wahrzunehmen und zu beurteilen und die sich nach ihrer Meinung häufig einseitig negativ auf den Unterricht sowie auf ihre pädagogische Arbeit an sich auswirken. So kommt in vielen Antworten eine große Diskrepanz zwischen dem eigenen Anspruch an die Tätigkeit als Lehrer auf der einen, und der Fülle an unterschiedlich begründeten bzw. resultierenden Reglementierungen und Einschränkungen auf der anderen Seite deutlich zum Ausdruck. Viele Lehrer erleben anscheinend eine Ambivalenz in ihrer Tätigkeit und in ihrem Berufsverständnis als Pädagoge. Auf der einen Seite sind sie per Status "Diener" des Staates und damit - in gewisser Weise - verpflichtet, den Erlassen, Richtlinien und Vorschriften in irgend einer Hinsicht Rechnung zu tragen. Auf der anderen Seite sehen sie jedoch, daß es unter diesen formal-administrativen Bedingungen z.T. äußerst schwierig ist, eine ihren Vorstellungen nach sinnvolle pädagogische Arbeit zu verrichten, eigene Ideen in die Praxis einzubringen und dort umzusetzen sowie in ausreichendem Maße auf die Wünsche, Bedürfnisse und Probleme ihrer Schüler individuell einzugehen. Diese Situation birgt meiner Ansicht nach mit Sicherheit die Gefahr in sich, daß Lehrer in die Rolle des formalistisch Handelnden gedrängt werden und daß sie sich in ihrer Arbeit vorwiegend auf das vermeintlich Wesentliche - vor allem auf die Wissensvermittlung - beschränken, ansonsten jedoch passiv bleiben bzw. Aktivitäten erst gar nicht entwickeln. So lassen verschiedene Aussagen der Befragten auch auf eine resignative Grundhaltung einiger Lehrer schließen bzw. sie weisen zumindest darauf hin, daß sich die als rigide, einschränkend und reglementierend wahrgenommenen Arbeitsbedingungen z.T. demotivierend auf ihre Arbeit in der Schule auswirken. Die Aussagen der Lehrer über ihre Kolleginnen und Kollegen - nicht wenige empfinden das mangelnde Engagement von Kolleginnen und Kollegen als belastend - und die Zustimmung einer nicht unerheblichen Anzahl der Befragten, es sei für sie das Wichtigste, Schülern fachliche Kenntnisse zu vermitteln, weisen in diese Richtung.

Damit soll nicht gesagt werden, daß sich der schulische Alltag im Einzelfall entsprechend gestaltet. Vielmehr soll damit lediglich verdeutlicht werden, daß es Lehrern unter diesen Rahmenbedingungen und Voraussetzungen nach sehr schwer gemacht wird, sich über die formal-administrativen Schranken hinwegzusetzen, sich im Unterricht ein gewisses Maß an Autonomie und damit an individueller Freiheit und Entfaltungsmöglichkeit zu erkämpfen, sich in der Schule und im Unterricht persönlich stärker einzubringen und sich über den eigentlichen Unterrichtsauftrag, d.h. über die bloße Wissensvermittlung hinaus zu engagieren, um sich z.B. vermehrt dem einzelnen Schüler zu widmen, sich verstärkt mit den Problemen der Jugendlichen auseinanderzusetzen, die eigene Arbeit besser zu reflektieren etc..

Die allgemeinen Arbeitsbedingungen, wie sie von Seiten einer großen Anzahl der Befragten dargestellt und wahrgenommen werden und die sie - nicht zu vergessen - zum großen Teil als belastend empfinden, tragen meiner Ansicht nach mit Sicherheit wenig zur Arbeitsmotivation der Lehrer und zur Entfaltung eigener Vorstellungen und Ideen bei. Vielmehr erscheinen sie in vielerlei Hinsicht, wie dies aus den Ergebnissen dieser Studie mehrfach hervorgeht, eher destruktiv und demotivierend zu wirken, zumindest entsprechen viele schulische Gegebenheiten bei weitem nicht dem Anspruch, den die Pädagogen vorgeben, an sich und an ihre Arbeit zu haben. Darüber hinaus belastet es viele Lehrer, daß die Bildungspolitik im Grunde genommen versagt hat und ihnen wenig Unterstützung verspricht und daß das Bild des Lehrerberufes wie auch das Image des Gymnasiums in der Öffentlichkeit zunehmend negativer wird. Einige Lehrer erleben ihr berufliches Dasein daher als Einzelkämpfertum und sind der Meinung, daß es so nicht weitergehen kann.

Angesichts dieser Voraussetzungen und Arbeitsbedingungen von Lehrern darf man sich dann auch nicht wundern, wenn sich dies nachteilig auf die Schüler, auf ihr Verhältnis zur Schule und zu schlischem Lernen etc. auswirkt. Eindeutigte Hinweise dafür finden sich in dieser Studie aus der Lehrerperspektive in verschiedenen Zusammenhängen. So fühlen sich nach Meinung der Mehrzahl der Lehrer nur wenige Schüler für das Schulleben mitverantwortlich und nur wenige Schüler zeigen im Unterricht Eigeninitative. Ferner haben nur wenige Schüler ein Interesse daran, sich an schulorganisatorischen Belangen zu beteiligen. Darüber hinaus vertritt mehr als die Hälfte der Lehrer die Meinung, die meisten Schüler würden Schule als notwendige Durchgangsphase betrachten, um danach das machen zu können, was ihnen (den Schülern) gefällt. Auch bei den Aussagen zur offenen Frage nach den kritischen Aspekten über Schüler sowie bei der Frage nach den erlebten schulischen Belastungen der Lehrer wurden nicht selten das Desinteresse der Schüler an der Schule und im Unterricht als auch ihre geringe Leistungs- und Anstrengungsbereitschaft genannt.

Viele der von den Lehrern genannten Reglementierungen und Einschränkungen sowie deren negativer Einfluß auf ihre pädagogische Arbeit tragen mit Sicherheit mit dazu bei, daß der einzelne Schüler in der Schule und im Unterricht zu kurz kommt, wie dies ja selbst von vielen der Befragten zum Ausdruck gebracht wird. Wenn jedoch Schüler das Gefühl vermittelt bekommen, in der Anonymität der Schule verloren zu gehen und von Seiten der Lehrer keine persönliche Fürsprache und Unterstützung zu erhalten als vielmehr nur noch ein Verwaltungsakt zu sein, der vor allem unter bürokratischen Gesichtspunkten und unter dem Aspekt geführt wird, sie mit möglichst viel Wissen auszustatten, dann liegt es nahe, die von den Lehrern zum Ausdruck gebrachte einseitig negative Einstellung der Schüler zur Schule sowie ihr ungünstiges Verhältnis zu schulischem Lernen und Arbeiten als Reaktion auf diese Situationsbedingungen zu bewerten.

In diesem Zusammenhang gilt es allerdings auch zu bedenken, daß - im Vergleich zu den Lehrern aus Thüringen - bedeutend weniger Lehrer aus den alten Ländern grundsätzlich bereit sind, ihre Schüler bei wichtigen schulischen und unterrichtlichen Belangen zu beteiligen. Ferner glaubt nur etwas mehr als die Hälfte der Lehrer aus den alten Ländern, daß Schule ein Ort ist, an dem Schüler Mitsprache- und Mitgestaltungsrechte haben. Demnach konstatiert die überwiegende Mehrzahl der westdeutschen Lehrer auf der einen Seite ein mangelndes schulisches Engagement ihrer Schüler, auf der anderen Seite sind jedoch nur etwa zwei Drittel der Befragten bereit, ihre Schüler an wichtigen schulischen und unterrichtlichen Belangen zu beteiligen. Das heißt, daß die Lehrer mit Sicherheit eine Mitverantwortung für das von ihnen wahrgenommene und zum Ausdruck gebrachte mangelnde Engagement der Schüler in der Schule und im Unterricht haben, indem sie die Meinungen, Interessen und Wünsche der Schüler nur unzureichend in die Planung und Gestaltung von Schule und Unterricht mit einbeziehen.

Weitere Hinweise auf eine eher geringe Akzeptanz der Schule seitens der Schüler ergeben sich im Zusammenhang mit einigen Fragen zum Sinn und zur Funktion von Schule. So sind - im Vergleich zu anderen Sinn- und Funktionsaspekten von Schule - bedeutend weniger Lehrer der Auffassung, daß Schule ein Ort ist, an dem Schüler ein Gemeinschafts- und Zugehörigkeitsgefühl erleben. Schule an sich trägt in der Einschätzung der Lehrer daher wenig dazu bei, die Identifikation der Schüler mit ihrer Schule zu fördern, indem viele Schüler in der Schule weder ein Zugehörigkeits- noch ein Gemeinschaftsgefühl empfinden. Dies bedeutet, daß zwei als bedeutsam einzuschätzende Indikatoren für die Akzeptanz von bzw. Identifizierung mit Schule von vielen Lehrern als kaum realisiert eingeschätzt werden, obwohl sie es im Vergleich dazu für wesentlich wichtiger halten. Darüber hinaus schätzen viele Lehrer ihren Einfluß, den sie auf das Gemeinschaftsgefühl wie auch auf das Wohlbefinden der Schüler in der Schule haben, im Vergleich zu anderen erfragten Sinn- und Funktionsaspekten von Schule weniger günstig ein. Damit geben nicht wenige Lehrer deutlich zum Ausdruck, daß sie kaum Einfluß auf diejenigen Aspekte schulischen Geschehens haben, die die Akzeptanz von Schule bei Schülern unter Umständen determinieren.

Zusammenfassend ergibt sich im Hinblick auf die Identifizierung mit und der Akzeptanz von Schule daher folgendes Bild: Während sich die meisten Lehrer nach eigenen Angaben trotz der vielen Einschränkungen und Reglementierungen in ihrer Arbeit sehr gut mit Schule und mit ihrem Beruf als Lehrer identifizieren können bzw. beides in hohem Maße akzeptieren, trifft dies nach Meinung der Mehrzahl der Befragten in nur sehr geringem Maße für die Schüler zu. Im Urteil der Lehrer sind es daher vor allem die Schüler, denen es an Akzeptanz von und an Identifizierung mit Schule ermangelt, wobei viele Lehrer meinen, darauf auch nur einen geringen Einfluß zu haben. Überspitzt formuliert ziehen sich die Lehrer damit sehr geschickt aus der Verantwortung, indem sie das geringe Engagement, die mangelnde Mitverantwortung und die geringe Akzeptanz von Schule seitens der Schüler den Schülern und der Schule zuschreiben und ihren Einfluß darauf als eher gering einschätzen. Allerdings geben viele Lehrer auch deutlich zum Ausdruck, daß sie unter der passiven Haltung und unter der negativen Einstellung der Schüler gegenüber der Schule "leiden", indem sie diese als belastend empfinden. D.h. es deutet sich hier ein gegenseitiges Abhängigkeitsverhältnis bzw. eine Wechselbeziehung zwischen dem berufsbezogenen Erleben der Lehrer und dem schulischen Erleben der Schüler, ihrer Einstellung gegenüber schulischem Lernen bzw. ihrem Verhalten in der Schule und im Unterricht an. Entsprechend ist davon auszugehen, daß die von Lehrern in ihrem Beruf erlebten Höhen und Tiefen eng mit den von ihnen erlebten konkreten Schülererfahrungen bzw. mit dem Verhältnis zu Schülern verbunden sind, wie dies sehr eindrucksvoll von Hirsch et al. (1990) beschrieben wird. Insofern scheinen Lehrer ihr "berufliches Schicksal" mitunter ein Stück weit selbst in der Hand zu haben, indem sie durch ihr Verhalten und durch die Art der Präsentation ihrer Person gegenüber Schülern diejenigen Strukturen, Formen und Bedingungen vorgeben, die für den weiteren Umgang mit Schülern grundlegend sind und eine Basis für die Entwickung der Interaktion und der Kooperation mit Schülern determinieren. Zumindest dürfen sie jedoch nicht übersehen, daß sie in hohem Maße mitverantwortlich für die von ihnen bemängelte passive Haltung der Schüler in und gegenüber der Schule sind.

5.3 Wissensvermittlung, schulische Leistungen und schulisches Lernen

Erwartungsgemäß ist Schule für die überwiegende Mehrzahl der Lehrer ein Ort der Vermittlung theoretischen Wissens und die überwiegende Mehrzahl der Lehrer schätzt ihren Einfluß auf das theoretische Wissen ihrer Schüler als sehr günstig ein. Ferner ist es für viele Lehrer das Wichtigste, Schülern fachliche Kenntnisse zu vermitteln. D.h., daß Lehrer in dieser Hinsicht eindeutig Stellung beziehen, indem sie der Wissensvermittlung in der Schule eine hohe Priorität beimessen. Demgegenüber vertreten viele Lehrer jedoch auch die Meinung, daß Schüler in der Schule zu wenig praktisches und zu wenig berufsbezogenes Wissen vermittelt bekommen; entsprechend niedriger schätzen sie auch ihre Einflußmöglichkeiten darauf ein. Allerdings könnten sich viele Lehrer durchaus auch vorstellen, daß Schule praxis- und berufsorientierter sein bzw. werden könnte.

Im Hinblick auf die Beurteilung und den Stellenwert schulischer Leistungen bzw. einer zu starken Leistungsorientierung von Schule sind die Lehrer in ihrem Antwortverhalten auf den ersten Blick eher gespalten, denn beides trifft gleichermaßen auf Zustimmung und Ablehnung. Die genannten Aspekte schulischer Leistungen werden allerdings von den ostdeutschen Lehrern tendenziell stärker betont als von den Lehrern aus den alten Ländern, d.h. daß Lehrer aus Thüringen eine stärkere Leistungsorientierung von Schule wahrnehmen und empfinden. In diesem Zusammenhang werden nicht zuletzt die einschneidenden Veränderungen im Bildungssystem der neuen Bundesländer von Bedeutung gewesen sein.

Vergleichbare Häufigkeitstendenzen ergeben bei den Urteilen der Lehrer über die Meinung der Schüler, das Leistungsprinzip bzw. die Leistungorientierung von Schule betreffend. Daß Schüler Schule als rigide Lern- und Leistungsanstalt empfinden bzw. Schule als Ort empfinden, der durch Leistungsdruck und Konkurrenz bestimmt ist, trifft für annähernd die Hälfte der Lehrer für die meisten/viele und für annähernd die Hälfte für einige/wenige Schüler zu. Es findet sich daher weder eine Mehrheit dafür, die Schule als zu leistungsorientiert wahrnimmt, noch eine Mehrheit dafür, die glaubt, daß Schüler das Leistungsprinzip von Schule als unangemessen einschätzen.

Im Zusammenhang mit den Fragen nach dem Sinn und der Funktion von Schule kommt allerdings eine ganz andere Einstellung bzw. Meinung der Lehrer zu schulischen Leistungen und zum Leistungsanspruch von Schule zum Ausdruck. So ist die Mehrzahl der Lehrer der Auffassung, daß Schule ein Ort ist, an dem Schüler ihre Leistungsfähigkeiten und -grenzen kennenlernen und an dem sie lernen, ein gewisses Maß an Belastungen auszuhalten; beides wird geringfügig häufiger auch als wichtig eingeschätzt. Ebenfalls hält es die Mehrzahl der Lehrer - vor allem diejenigen aus den alten Ländern - für zutreffend, daß Schüler in der Schule die Erfahrung machen, im Leben komme es vor allem auf Leistungen an und daß Schüler in der Schule lernen, mit Konkurrenzsituationen unter Schülern umzugehen. Wenn es demnach darum geht, Belastungen in der Schule auszuhalten und mit Konkurrenzsituationen unter Schülern umzugehen bzw. wenn Schüler in der Schule ihre Leistungsfähigkeiten und -grenzen einzuschätzen lernen und dort die Erfahrung machen (sollen), daß es im Leben vor allem auf Leistungen ankommt, dann trifft dies bei den Befragten auf wesentlich mehr Zustimmung als vergleichsweise bei direkten Fragen nach einer zu starken Leistungsorientierung bzw. einem zu hohen Leistungsanspruch von Schule. In einem anderen Kontext bzw. unter anderen Fragestellungen erhalten schulische Leistungen bei Lehrern daher eine stärkere Fürsprache.

Ähnlich verhält es sich, wenn schulische Leistungen im Zusammenhang mit Noten/Punkten betrachtet werden. Grundsätzlich haben Noten/Punkte für Lehrer einen hohen Stellenwert. So glaubt die überwiegende Mehrzahl der Lehrer nicht, daß schulisches Lernen ohne Noten/Punkte sinnvoller wäre. Entsprechend können sich auch nur sehr wenige Lehrer eine Schule ohne Noten/Punkte vorstellen. Ferner ist es ebenfalls die überwiegende Mehrzahl der Lehrer, die den Motivationscharakter von Noten/Punkten stark hervorhebt, indem sie zum Ausdruck gibt, daß Noten/Punkte für Schüler ein Ansporn sind, mehr zu leisten. D.h., daß das Leistungsprinzip von Schule in diesem Zusammenhang eine breite Mehrheit findet, indem Noten/Punkte nach Meinung der Lehrer dazu beitragen, die Leistungsfähigkeiten der Schüler zu fördern. Allerdings darf dabei nicht unberücksichtigt bleiben, daß auch etwa ein Drittel der west- und annähernd die Hälfte der ostdeutschen Lehrer die Meinung vertreten, Schüler würden mehr Spaß an Schule haben, wenn es keine Noten/Punkte gäbe. Ferner glaubt die Mehrzahl der Befragten, daß die meisten Schüler vor allem für Noten/Punkte und nur vor der nächsten Arbeit lernen würden.

Dem seitens der Lehrer stark hervorgehobenen Motivationscharakter von Noten/Punkten in Bezug auf schulische Leistungen stehen demnach zwei kritische Meinungen über schulische Leistungsbeurteilungen gegenüber, die auf einen unlösbaren Widerspruch hinzuweisen scheinen. Zum einen sind Noten/Punkte nach Meinung der Lehrer für Schüler ein Ansporn, mehr zu leisten; zum anderen beeinträchtigen sie nach der Auffassung einer nicht unerheblichen Anzahl der Lehrer den Spaß der Schüler an der Schule. Darüber hinaus lernen die meisten Schüler nur für Noten/Punkte und vor allem vor der nächsten Arbeit. Noten/Punkte als Anreiz, mehr zu leisten, mag für viele Schüler zwar durchaus notwendig und sinnvoll sein. Doch wenn die Konsequenz in der Notengebung darin liegt, daß Schüler nur noch der Leistungsbeurteilungen wegen lernen - und dies in der Mehrzahl der Meinung der Lehrer- , dann sollte dies meiner Ansicht nach zu denken geben. Eine einseitige, motivationsfördernde Bewertung der Bedeutung und des Stellenwerts von Noten/Punkten greift daher anscheinend zu kurz.

Die Befunde zum Stellenwert und zur Bedeutung von Noten/Punkten müssen jedoch auch im Zusammenhang mit der Einschätzung und Beurteilung der in der Schule vermittelten Lerninhalte betrachtet werden. Denn wenn nach Ansicht der Lehrer die meisten Schüler nur für Noten/Punkte und im Grunde genommen immer nur vor der nächsten Arbeit lernen, dann spricht dies eben nicht gerade für die schulischen Lerninhalte und deren motivationsfördernden Charakter. Entsprechende Hinweise darauf finden sich in dieser Studie im Hinblick auf die von der Mehrzahl der Lehrer zum Ausdruck gebrachten Meinung, daß nur wenige Schüler die schulischen Lerninhalte sinnvoll finden würden (was ihrer Ansicht nach allerdings nicht zutrifft, d.h. daß Lehrer die schulischen Lerninhalte mehrheitlich sinnvoll finden). Darüber hinaus glauben nach Meinung der Lehrer die meisten Schüler, daß in der Schule zuviel Wissen vermittelt wird, welches ohne Bezug zu den Schülerinteressen steht; dies wird von etwas weniger als der Hälfte der Lehrer sogar selbst so gesehen. Auch sind nur etwas weniger als die Hälfte der Lehrer aus den alten Ländern der Ansicht, daß Schule ein Ort ist, an dem Schüler eine positive Lernhaltung vermittelt bekommen und nur etwas mehr als die Hälfte glaubt, einen günstigen Einfluß auf die Lernmotivation und auf das Interesse der Schüler an der Auseinandersetzung mit gesellschaftlichen Problemen zu haben (allerdings trifft dies, wie bereits betont, vorwiegend für die Lehrer aus den alten Ländern zu).

Diese und andere Ergebnisse weisen mitunter darauf hin, daß die Motivation der Schüler zum schulischen Lernen in der Meinung der Lehrer nicht primär durch die Lerninhalte, sondern vorwiegend vor allem durch die vorgegebenen Lern- und Leistungserwartungen bzw. durch die Leistungsbeurteilungen determiniert ist. Schulisches Lernen zeichnet sich demnach anscheinend vor allem dadurch aus, daß die Lerninhalte und die zu erbringenden Lernleistungen wenig mit den Interessen, Wünschen und Bedürfnissen der Schüler zu tun haben. Unter diesen Bedingungen erscheint es dann nur allzu verständlich, wenn viele Lehrer bekunden, nur wenige ihrer Schüler würden überhaupt Spaß daran haben, in der Schule etwas zu lernen, eine nur geringe Bereitschaft zeigen, sich schulisches Wissen anzueignen sowie über zu wenig (Allgemein-) Wissen verfügen. Anscheinend bedarf es seitens der Schule eines ausgeklügelten Belohnungs- und Bestrafungssystems, um Schüler zum Lernen zu motivieren und sie mit der Aussicht bzw. mit dem Versprechen "bei der Stange zu halten", durch einen höheren Schulabschluß bessere berufliche Chancen zu haben.

Es sind demnach die Lehrer selbst, die die so oft postulierte Sinnlosigkeit der Schule im Hinblick auf schulische Lerninhalte bei ihren Schülern erkennen und zum Ausdruck bringen. Ernüchternd meinen sie jedoch auch festzustellen, daß sie darauf einen vergleichsweise geringen Einfluß haben, indem sie Schülern beispielsweise eine positive Lernhaltung zu vermitteln und ihnen das Lernen zu lehren nur bedingt imstande sind. Vielmehr bezieht sich ihr günstiger Einfluß ihrer Meinung nach vor allem auf die theoretische Wissensvermittlung, auf das selbständige Erarbeiten sowie auf die kritische Hinterfragung eines Sachverhalts bei Schülern und - schon etwas weniger - auf die Konzentration der Schüler auf einen Sachverhalt. Anstatt daß nun Schule und Lehrer auf die von vielen Lehrern zum Ausdruck gebrachte erlebte Sinnlosigkeit der Lerninhalte seitens der Schüler z.B. durch eine stärkere Berücksichtigung und Betonung der Schülerinteressen und ihrer Bedürfnisse im Unterricht bzw. durch die Aufgabe einer übertriebenen Fremdbestimmung von Lerninhalten reagieren, beharren beide auf scheinbar überkommenen Gewohnheiten und Traditionen schulischen Lernens, d.h. auf der Überzeugung, daß vor allem das quantifizierbare, vergleichbare Wissen zählt, entsprechend der an Leistungsnachweisen, Zeugnissen und Beurteilungen orientierten Gesellschaft. Nicht die Person des Schülers, seine Neigungen, Interessen und Wünsche und nicht die Freude am Lernen stehen dabei im Vordergrund der Überlegungen über schulisches Lernen und

Arbeiten, als vielmehr die Loyalität der Beteiligten gegenüber den vorgegebenen Lerninhalten und Leistungserwartungen. Nicht das Lernen aus Eigeninteresse, aus Selbstverantwortung, aus individueller Freiheit und aus dem persönlichen Engagement der Schüler heraus, sondern das Lernen durch Belehrung, durch Bestrafung und durch Bewertungen seines vermeintlichen "Erfolges" scheinen kennzeichnend für die Bildungslandschaft in unseren staatlichen Schulen zu sein. Dabei wird allerdings übersehen, daß "Ich-fremde" Lerninhalte wie auch fremdbestimmte, interindividuelle Leistungsbeurteilungen immer die Gefahr in sich bergen, Unlust und Resignation wenn nicht sogar Widerstand bei den Lernenden hervorzurufen, weil sie den Schüler eben nicht als Person, sondern vielmehr lediglich als Lernobjekt ansprechen. Daß dies die Einstellung der Schüler gegenüber der Schule und dem schulischen Lernen so negativ beeinflußt, wie dies weiter oben beschrieben und von vielen der befragten Lehrern zum Ausdruck gebracht wird, erscheint dann nur allzu verständlich.

Wenn sich nun schulische Bildung vor allem auf das beschränkt, was in den vorgegebenen Curricula, Rahmenrichtlinien und Lehrplänen vorgeschrieben wird, und wenn sich viele Lehrer in ihrer Arbeit vorwiegend am Lernerfolg ihrer Schüler orientieren und Schülern Wissensinhalte vermitteln, die sie (die Schüler) zumeist nicht sonderlich interessieren und die häufig an den Wünschen und Bedürfnissen der Jugendlichen vorbeigehen, dann wird sich an der derzeit zu beobachtenden Krisenstimmung in den staatlichen Schulen wohl nicht viel ändern wird. Mit Sicherheit liegt dem ein falsches Verständnis von schulischem Lernen und Arbeiten zugrunde und auch ein falsches Verständnis über den Sinn und die Funktion von Schule. Doch was könnte getan werden?

Rogers hat in seinem 1979 bereits in dritter Auflage erschienenen Buch "*Lernen aus Freiheit*" beispielsweise ein Konzept entwickelt, das er als signifikantes, auf eigenen Erfahrungen beruhendes Lernen bezeichnet und das auch als Methode des nicht-direktiven Lernens bekanntgeworden ist. Diese Überlegungen gewinnen angesichts der Befunde zur erlebten Sinnlosigkeit von Schule bei vielen Schülern meiner Meinung nach heute mehr denn je an Bedeutung. Was Rogers unter signifikantem Lernen versteht, hat er zusammenfassend folgendermaßen zum Ausdruck gebracht?

"- *Es schließt persönliches Engagement ein - die ganze Person steht sowohl mit ihren Gefühlen als auch mit ihren kognitiven Aspekten im Lernvorgang.*

- *Es ist selbstinitiiert, sogar dann, wenn der Antrieb oder der Reiz von außen herrührt, kommt das Gefühl des Entdeckens, des Hinausgreifens, Ergreifens und Begreifens von innen.*

- *Es durchdringt den ganzen Menschen - es ändert das Verhalten, die Einstellung, vielleicht sogar die Persönlichkeit des Lernenden.*

- *Es wird vom Lernenden selbst bewertet - er weiß, ob es sein Bedürfnis trifft, ob es zu dem führt, was er wissen will, ob es auf den von ihm erlebten dunklen Fleck der Unwissenheit ein Licht wirft. Wir können sagen, daß der geometrische Ort des Bewertens zweifelsfrei im Lernenden selbst liegt.*

- *Sein wesentlichstes Merkmal ist Sinn - wenn derartiges Lernen stattfindet, dann ist in der gesamten Erfahrung enthalten, daß der Lernende Sinn darin sieht."* (Rogers 1979, 13).

Wenn Schule für Schüler demnach (wieder) attraktiv werden möchte, dann müßte sie zunächst ihren Absolutheitsanspruch aufgeben und Schülern - neben den Lehrern und Eltern - mehr Mitsprache- und Mitentscheidungsrechte vor allem bei ihrer inhaltlichen Orientierung zugestehen, um ihnen nicht zuletzt auch dadurch die Möglichkeit zu geben, sich und ihre Interessen, Wünsche und Bedürfnisse in stärkerem Maße zu artikulieren. Denn Lernen scheint für Schüler - entprechend der für jeden Leser wohl leicht einzusehenden Botschaft von Rogers - vor allem dann attraktiv zu sein, wenn der Lernende selbst den Lernprozeß mitbestimmen kann und wenn er die Lerninhalte als persönlich relevant wie auch als sinnvoll erlebt. Dem selbstverantwortlichen Lernen und selbständigen Handeln des Einzelnen müßte in der Schule daher mehr Bedeutung zukommen und die Person des Schülers sollte dort in stärkerem Maße gewürdigt werden. Dazu bedarf es allerdings eines anderen Verständnisses von Schule, von schulischem Lernen und Lehren, d.h. auch eines anderen Verständnisses des Lehrerberufes als dem, wie es von vielen Lehrern in dieser Studie zum Ausdruck gebracht wird.

Die aus dem Vergleich der Schülerwahrnehmungen dänischer Abiturienten mit denen von Schulabgängern aus der Bundesrepublik Deutschland gewonnenen Ergebnisse sollen an dieser Stelle und in diesem Zusammenhang ebenfalls zu weitergehenden Überlegungen anregen. Im Rahmen dieser vergleichenden Studie wurde herausgearbeitet, daß sich dänische Schüler mit ihrer Schule und mit den dort vermittelten Lerninhalten häufiger identifizieren können und Schule vermehrt als Ort erleben, an dem sie eigene Ideen verwirklichen können und an dem sie selbstverantwortlich handeln sowie die Welt mit Hilfe des vermittelten Wissens besser begreifen lernen, als vergleichsweise die Schüler aus der BRD." Graudenz und Randoll (1994) vermuten, *"daß sich hinter den positiven Beantwortungen der dänischen Schüler ein vergleichsweise anderes Interaktions- und Kommunikationsgeschehen zwischen Lehrern und Schülern sowie eine gänzlich andere Einstellung der Gesellschaft zur Schule und zur schulischen Bildung Jugendlicher verbirgt. (...) Das dänische Schulsystem räumt aufgrund seiner Rahmenbedingungen den Eltern, Schülern, der Gemeinde im Grundsatz mannigfaltige Mitsprache und Entscheidungskompetenzen ein. (...) Die Einstellung der dänischen Gesellschaft zum Lernen und zur schulischen Ausbildung insgesamt scheint auf einer allgemein freieren Basis zu beruhen: der Freiwilligkeit des Lernens, der Freude am Lernen, der Sinngebung von und durch Lernen, der Mitbestimmung beim Lernen."* An diesem Beispiel wird hinreichend deutlich, wie vielschichtig und komplex sich das bei vielen deutschen Schülern zu beobachtende Phänomen der erlebten Sinnlosigkeit schulischen Lernens darstellt und wie tiefgreifend Veränderungen dieser Situation ansetzen müßten.

Grundsätzlich darf es meiner Ansicht nach nicht Sinn und Funktion von Schule sein, daß Schüler den Erwartungen "der Schule" und ihrer Lehrer gerecht werden und dort die Erfahrung machen, daß nur das Wissen von Bedeutung ist, welches in der Schule dargeboten und vermittelt wird. Schüler sollten Schule vielmehr vor allem deshalb besuchen, um dort Hilfe und Unterstützung bei der Entwicklung ihrer Persönlichkeit sowie ihres selbständigen und selbstverantwortlichen Handelns, Lernens und Denkens zu erfahren. Schulische Bildung darf sich daher nicht nur darauf beschränken, Schülern Wissen zu vermitteln, von dem die Erwachsenenwelt glaubt, daß dies für Schüler wichtig und notwendig sei. Dies führt bei den Lernenden zu Unlust, zu Unmut und zu Resignation und übersieht die Tatsache, daß es letztendlich ja doch die Schüler sind, die beurteilen, was für sie nützlich und brauchbar ist. Ferner müßte in stärkerem Maße berücksichtigt werden, daß Lernen grundsätzlich ein Prozeß ist, der seitens der Schüler wie auch der Lehrer die Bereitschaft und die Fähigkeit zur Offenheit für Erfahrungen und damit auch für persönliche Veränderungen verlangt. Dies betrifft auch die in der Schule vermittelten Wissensinhalte selbst, die nur allzu häufig zu statisch sind und kaum erkennen lassen, daß Wissen grundsätzlich relativ und zeitabhängig ist. Schulische Bildung bedeutet nach Von Hentig (1993) daher vor allem die ständige Suche nach Erkenntnis und Wahrheit sowie das Aushalten-können der Vergänglichkeit auch der noch so gesicherten Erkenntnisse und des noch so gesicherten Wissens.

Was die Lehrer und das Berufsverständnis von Lehrern anbelangt, so darf Lehren eben nicht bedeuten, Schüler darin zu unterweisen, was sie denken und was sie wissen sollten. Vielmehr sollten Lehrer ihren Schülern helfend und unterstützend zur Seite stehen, zu lernen, wie man lernt oder - dem Grundgedanken von Maria Montessori entsprechend - es sich zur Aufgabe machen: *"Hilf mir, es selbst zu tun"*. Voraussetzung dafür ist jedoch, Vertrauen in die Schüler zu entwickeln: Vertrauen in ihr natürliches Potential zum Lernen, d.h. in ihre Lernbereitschaft und in ihre Lernfähigkeiten, und Vertrauen in ihr Bedürfnis, Erfahrungen machen zu wollen und sich persönlich weiterzuentwickeln. Dies mag für viele nun sehr pathetisch klingen, doch sollte man sich angesichts der derzeitigen Situation schulischer Bildung mit solchen grundsätzlichen Gedanken und Überlegungen (wieder) vermehrt und mit mehr Ernsthaftigkeit auseinandersetzen.

Die starke Betonung der Notwendigkeit und des Stellenwerts von Leistungsbeurteilungen, die die befragten Lehrer in dieser Studie zum Ausdruck geben, zeugen allerdings in dieser Hinsicht eher vom Gegenteil: nämlich von einem Mißtrauensverhältnis gegenüber Schülern und der scheinbaren Angst der Lehrer, daß sie (die Schüler) ohne Noten/Punkte und ohne Klassenarbeiten in der Schule wohl noch mehr in Lethargie verfallen würden. Allerdings erscheint diese Sichtweise von Lehrern unter der Gegebenheit der von Seiten vieler Schüler erlebten Entfremdung von Lerninhalten, deren Sinn sie nicht nachvollziehen können und die nicht viel mit ihrer Welt zu tun haben, nur allzu verständlich. Darüber hinaus erscheint das starre Festhalten an überkommenen Traditionen schulischen Lernens und Arbeitens vor allem für das Überleben der Schule in seiner derzeitigen inhaltlichen Orientierung und Gestaltung unverzichtbar zu sein.

5.4 Persönlichkeitsförderung bei Schülern

Es wurde bisher viel über Wissen und Wissensvermittlung, über schulisches Lernen und über die Leistungsorientierung von Schule diskutiert und herauszuarbeiten versucht, daß diese Aspekte von Schule auch im Zusammenhang mit der vorherrschenden, von den Lehrern zum Ausdruck gebrachten negativen Einstellung der Schüler zur Schule zu betrachten sind. Es ist nun naheliegend auch danach zu fragen, inwieweit sich diese u.a. Aspekte des schulischen Geschehens auch auf die Persönlichkeit der Schüler auswirken bzw. ob und inwieweit sie deren Entwicklung in irgend einer Hinsicht berühren. Was trägt Schule in der Wahrnehmung der Lehrer demnach zur Persönlichkeitsförderung der Schüler bei bzw. in welcher Hinsicht wirkt Schule auf die Persönlichkeitsentwicklung der Schüler ein? Dies zu untersuchen erscheint auch deshalb von Interesse, weil viele Lehrer in ihrer Arbeit der Wissensvermittlung bei Schülern Priorität beizumessen scheinen bzw. weil bei vielen Lehrern - wie auch aus der Studie von Eckerle und Kraak (1993) hervorgeht - der Lernerfolg der Schüler im Zentrum ihres Berufsverständnisses steht obwohl aus offiziellen Verlautbarungen eindeutig hervorgeht, daß Schule einen wichtigen Stellenwert bei der Förderung und Stabilisierung der emotionalen und der sozialen Persönlichkeitsentwicklung des Schülers einnehmen soll (siehe hierzu z.B. im Amtsblatt des Hessischen Kultusministeriums und des Hessischen Ministeriums für Wissenschaft und Kunst 1988; *"Schulwesen"*, C. Sonstiges, S. 60-68). D.h., daß es sich die Schule neben der Wissensvermittlung auch zur Aufgabe macht, die Persönlichkeitsentwicklung der Schüler zu fördern, wobei natürlich fraglich ist, was im einzelnen unter Persönlichkeitsentwicklung bzw. -förderung zu verstehen ist oder verstanden wird und welche Vorstellungen über die Persönlichkeit eines Menschen dem zugrunde liegen. Die in dem Fragebogen dazu entsprechend vorgegebenen Items stellen mit Sicherheit eine Auswahl möglicher Aspekte der Schülerpersönlichkeit dar, sie beziehen sich allerdings auf recht unterschiedliche Persönlichkeitsdimensionen, die für den schulischen Bereich von Bedeutung sind. Dies wird unter anderem daran deutlich, daß die Mehrzahl der Lehrer die im Rahmen der Fragen nach dem Sinn und der Funktion von Schule genannten Persönlichkeitsaspekte als bedeutsam bzw. als wichtig eingeschätzt haben.

Die überwiegende Mehrzahl der Befragten vertritt die Meinung, daß Schüler in der Schule eigene Meinungen gegenüber anderen zu vertreten lernen, daß in der Schule das Problembewußtsein der Schüler erweitert sowie ihr kritisches Denken gefördert wird und daß sie dort lernen, Vorurteile zu hinterfragen und sich ein eigenes Urteil über einen Sachverhalt zu bilden. Allerdings geschieht dies nach Ansicht einiger Lehrer anscheinend nicht in ausreichendem Maße, worauf die Differenzen zwischen der wahrgenommenen schulischen Realität und der Wichtigkeitseinschätzungen hinweisen. Ferner lernen Schüler nach Meinung der Lehrer in der Schule, ihre eigenen Leistungsfähigkeiten und -grenzen kennenzulernen und Belastungen auszuhalten. Darüber hinaus glaubt die Mehrzahl der Lehrer, einen günstigen Einfluß auf das Selbstwertgefühl und auf das Selbstvertrauen wie auch auf die Einschätzung der eigenen Fähigkeiten von Schülern und auf die Vertretung der eigenen Meinung der Schüler im Unterricht zu haben. Etwa die Hälfte der Befragten betrachtet ihren Einfluß auf die Selbstachtung der Schüler ebenfalls als positiv bzw. als günstig.

Im Vergleich dazu trägt Schule nach der Auffassung vieler Lehrer wenig zur Förderung der Kreativität, der Spontaneität und des selbstverantwortlichen Handelns der Schüler bei als auch dazu, daß Schüler eigene Ideen und Bedürfnisse in der Schule verwirklichen können. All dies wird von der Mehrzahl der Befragten jedoch als wichtig eingeschätzt. D.h., daß Lehrer eindeutig ein Defizit erleben und zum Ausdruck bringen, was die Realisierung dieser Gesichtspunkte in der Schule anbelangt. Es zeigt sich ferner, daß der Einfluß der Lehrer auf die Kreativität und auf die Spontaneität der Schüler nach ihren eigenen Einschätzungen auch nicht allzu günstig ist. Ebenfalls schreiben sich Lehrer einen eher geringen Einfluß auf das Wohlbefinden der Schüler in der Schule und auf die Vermittlung einer sinnvollen Lebensperspektive bei Schülern zu.

Was nach Ansicht der Lehrer in der Schule demnach präferiert wird bzw. wo Schule und Lehrer im Hinblick auf die Persönlichkeitsförderung der Schüler einen positiven Einfluß ausüben, bezieht sich demnach vor allem auf das Durchsetzungsvermögen der Schüler, auf ihr Selbstvertrauen, auf das Kennenlernen ihrer Leistungsfähigkeiten und -grenzen sowie auf die Vertretung und das Kundtun ihrer eigenen Meinung. Zusammenfassend werden in der Schule nach Meinung der Lehrer anscheinend vor allem solche Persönlichkeitseigenschaften bei Schülern gefördert, die einerseits im weitesten Sinne zur "Ich-Stärkung" des Einzelnen beitragen und insbesondere darauf ausgerichtet und dafür unabdingbar sind, sich in der sozialen Welt zurechtzufinden, sich in ihr durchzusetzen und sich an ihr zu messen. Ein günstiger Einfluß der Schule und der Lehrer bezieht sich andererseits auch auf eher kritisch-rationale Aspekte des Denkens und Handelns von Schülern, wie z.B. auf die Hinterfragung von Vorurteilen oder auf die eigene Urteilsbildung. Was aufgrund der Lehreraussagen in der Schule hingegen vernachlässigt wird und dort zu kurz zu kommen scheint, bezieht sich vor allem auf die Förderung der Kreativität und der Spontaneität der Schüler sowie auf die Vermittlung einer sinnvollen Lebensperspektive bei Schülern, aber auch auf die Verwirklichung ihrer eigenen Ideen und Bedürfnisse und auf ihr selbstverantwortliches Handeln.

G. Huhn (1994) hat sich in seinem Buch "Kreativität und Schule" nun Gedanken darüber gemacht, welche Konsequenzen sich aus dieser einseitigen, insbesondere die Kreativität und die Spontaneität vernachlässigenden Förderung der Schüler in der bzw. durch die Schule ergeben. Huhn kommt bei der Analyse ausgesuchter Rahmenrichtlinien unter Berücksichtigung neuerer Befunde aus der neurophysiologischen Forschung zunächst zu der Erkenntnis, daß Schule vor allem deshalb einseitig auf die Persönlichkeitsentwicklung der Schüler einwirkt, weil sie in ihrer inhaltlichen Orientierung vorwiegend auf die Förderung analytischer, rationaler und logischer Strukturen ausgerichtet ist und weil dabei Aspekte des intuitiven Lernens, Handelns und Verstehens sowie des analogen Denkens vernachlässigt werden. Nach Ansicht dieses Autors läßt der staatliche Schulunterricht in seiner bisherigen Gestaltung eine Gehirnhälfte weitgehend "verhungern", so daß in der Schule keine ganzheitliche, sondern eine bewußt selektive Persönlichkeitsförderung der Schüler erfolgt (siehe dazu zusammenfassend in Raum und Zeit, 67, 1994, S. 13 - 18). Über die möglichen Konsequenzen dieser Situation (z.B. sehr frühe Blockierung der Autonomie des einzelnen Schülers; mögliche Zunahme an Gewaltbereitschaft) läßt sich mit Sicherheit streiten. Doch die Erkenntnis, daß Schüler bei einer derart einseitigen Förderung ihrer Person in der und durch die Schule um wichtige Aspekte ihres "Menschseins" gebracht werden, sollte als Problem ernstgenommen werden. Zwar sind die o.a. Persönlichkeitsdimensionen "Selbstvertrauen", "Durchsetzungsvermögen" etc. als relevant und als notwendig anzusehen, doch sind sie eben nicht die einzigen und nicht die einzig wichtigen. Denn wo sonst, als in der Kinder- und Jugendzeit, d.h. auch in der Zeit des Schulbesuches, sollten - auch unter entwicklungspsychologischen Gesichtspunkten betrachtet - schöpferische, d.h. künstlerisch-musische Fähigkeiten, Phantasie und Kreativität, gestaltendes Bewegen im Spiel etc. ihren Platz finden? Und dies gilt nicht nur für den Elementar- und Primarbereich, sondern gerade für den nur allzu "kopflastigen" Sekundarbereich. Und wo sonst sollten Schüler die Fähigkeit erwerben, selbstverantwortlich zu handeln und Verantwortung - insbesondere für die Gemeinschaft - zu übernehmen, wenn nicht in der Schule? Daß dies in der Schule nach Meinung der Lehrer in nur unzureichendem Maße realisiert wird, sollte zu denken geben, zumal das Funktionieren gesellschaftlichen Zusammenlebens von der Bereitschaft und von der Fähigkeit eines jeden abhängig ist, Verantwortung - vor allem für andere - zu übernehmen. Doch wer nicht lernt, selbst- und eigenverantwortlich zu Handeln, dem fehlen wichtige Voraussetzungen für gemeinschaftliches, verantwortungsvolles Denken, Handeln und Fühlen. Was demnach auf der Mikroebene (Schule) nicht oder nur unzureichend erreicht werden kann wird sich vermutlich ebenfalls nicht oder nur bedingt auf der Makroebene (Gesellschaft) realisieren lassen.

Im Zusammenhang mit der Analyse der Antworten zu den offenen Fragen nach den kritischen und positiven Aspekten der Schüler ergeben sich auf einer anderen Betrachtungsebene wichtige Hinweis dafür, in welcher Hinsicht Schule beeinträchtigend auf die Förderung unterschiedlicher Persönlichkeitsdimensionen bei Schülern wirkt. Erinnert sei daran, daß sich die meisten positiven Stellungnahmen der Lehrer über Schüler vor allem auf verschiedene Aspekte ihrer Persönlichkeit bezogen haben, während bei den kritischen Aussagen im wesentlichen die Ebene schulischen Lernens und Arbeitens sowie die grundsätzlich negative Einstellung der Schüler gegenüber der Schule dominierte. Die Antworten der Lehrer vermitteln auf der einen Seite demnach das Bild einer Schülergeneration, die aufgeschlossen, offen, selbstbewußt, mutig, umgänglich und ungezwungen ist, d.h. sie beziehen sich im weitesten Sinne allesamt auf Persönlichkeitseigenschaften, die man durchaus auch mit "Jugend" oder "Jungsein" assoziieren bzw. umschreiben könnte und die zunächst keinen Anlaß dazu geben, daran etwas Auffälliges zu finden. Auf der anderen Seite schreiben die Lehrer ihren Schülern allerdings eine geringe Kreativität und wenig Engagement in der Schule sowie für das Schulleben, ein starkes Desinteresse an schulischen Lerninhalten und im Unterricht als auch eine mangelhafte Motivation im Lernbereich zu. D.h., daß die von vielen Lehrern so geschätzten und als positiv bewerteten

Persönlichkeitseigenschaften der Schüler im schulischen Alltag, d.h. im Kontext schulischen Arbeitens und Lernens kaum zum Tragen kommen und dort eher ins Gegenteil umschlagen; in eine passive Grundhaltung und in eine "Null-Bock-Mentalität". Dies kann und darf wohl nicht Ziel und Resultat einer auch auf die Persönlichkeitsförderung der Schüler ausgerichteten schulischen Bildung und Erziehung sein.

Schule scheint daher in seiner derzeitigen Gestaltung und inhaltlichen Orientierung die von den Lehrern als positiv wahrgenommenen und beurteilten Persönlichkeitseigenschaften der Schüler nur unzureichend zu fördern bzw. deren Entwicklung gar zu hemmen oder zu verhindern. Zumindest bleibt - entsprechend der Lehreraussagen - davon im schulischen Alltag nicht sehr viel übrig. Entwickeln sich demzufolge die in der Wahrnehmung der Lehrer im Grunde genommen offenen und aufgeschlossenen Schüler in der bzw. durch die Schule zu desinteressierten und zu demotivierten Jugendlichen? Ist dies als Reaktion der Schüler auf die von ihnen z.T. erlebte Sinnlosigkeit schulischen Lernens und Arbeitens zu bewerten? Steht dies im Zusammenhang mit eventuell erlebten Ohnmachtsgefühlen der Schüler gegenüber den bestehenden und scheinbar unveränderbaren Strukturen und Verhältnissen in der Schule? Welche Rolle kommt den Lehrern dabei zu (z.B. hinsichtlich des Zugeständnisses von Mitsprache- und Mitentscheidungsrechten der Schüler bei schulischen und unterrichtlichen Entscheidungen, Inhalten etc.)? Den Antworten vieler Lehrer folgend, könnte man entsprechende provokante Fragen durchaus stellen, insbesondere auch unter Berücksichtigung der weiter oben mitgeteilten, von den Lehrern selbst zum Ausdruck gebrachten Meinung einer geringen Akzeptanz der Schüler gegenüber der Schule, zu ihrem ungünstigen Verhältnis zu Lerninhalten und zu schulbezogenem Lernen schlechthin sowie zu den nur unzureichenden Möglichkeiten der Schüler, eigene Ideen und Bedürfnisse in der Schule einzubringen und zu verwirklichen. Viele Faktoren sind denkbar, die die Schüler dazu veranlassen, sich in der Schule - vor allem auch außerhalb des Unterrichtsgeschehens - passiv zu verhalten, sich nur wenig für die Schulgemeinschaft zu engagieren, sich in ihr nicht zugehörig zu fühlen etc.. Doch wenn es zutrifft, daß das von Seiten der befragten Lehrer in ihren offenen Antworten tendenziell zum Ausdruck gebrachte Bild einer desinteressierten, demotivierten und gleichgültigen Schülerpersönlichkeit in der Schule als Reaktion der Lernenden auf den schulischen Alltag und auf die Geschehnisse in der Schule zu bewerten ist, dann muß dies als Anzeichen dafür gewertet werden, daß mit Schule in dieser Hinsicht etwas nicht stimmt. Zu fragen ist in diesem Zusammenhang auch, welche Bedeutung und welchen Stellenwert die Förderung von Selbstvertrauen, Durchsetzungsvermögen, von kritischem Denken und Handeln der Schüler in der bzw. durch die Schule (noch) haben, wenn selbstverantwortliches Handeln, die Übernahme von (Mit-)Verantwortung für die schulische Gemeinschaft, die Entwicklung und das Einbringen eigener Ideen und Bedürfnisse, die Offenheit gegenüber neuen Lerninhalten, die Kreativität und die Lernfreude der Schüler weitgehend auf der Strecke bleiben, d.h. wenn Schüler entgegen ihrer grundlegend offenen, interessierten, bereitwilligen etc. Art und Einstellung im Rahmen schulischer Aufgaben nach Aussagen vieler Lehrer in Passivität, Desinteresse etc. verfallen. Ist die einseitige Förderung bestimmter Persönlichkeitsdimensionen bei Schülern erwünscht und tatsächlich beabsichtigt oder werden andere, eventuell gleichermaßen wichtige Gesichtspunkte in der Schule eben nur nicht hinreichend realisiert? Es wären noch andere Fragen denkbar, die allesamt darauf hinweisen sollten, daß der Diskussion um die Förderung der Schülerpersönlichkeit in der Schule (im Sinne von: was sollte wie und von wem gefördert werden) ein hoher Stellenwert beizumessen ist, weil Schule dabei ein hohes Maß an Mitverantwortung gegenüber den Heranwachsenden hat.

5.5 Soziale Unterstützungsfunktion von Schule

Die Begründung der Notwendigkeit und des Stellenwerts der sozialen Unterstützungsfunktion von Schule fällt angesichts des vielerorts zu beobachtenden Verfalls traditioneller familiärer Bindungen (z.B. Coleman 1983), der Unmenge an psychosozialen Belastungen, die auf die Jugendlichen einwirken und die sie zu bewältigen haben (z.B. Richter 1992; Petri 1992) sowie aufgrund der anscheinend zunehmenden Drogen- und Alkoholprobleme als auch an psychosomatischen Beschwerden bei Jugendlichen (z.B. Hurrelmann 1991) nicht schwer und sollte auch nicht Thema dieses Beitrags sein. Vielmehr gilt das Interesse der Frage, was Schule nach Ansicht der befragten Lehrer im Hinblick auf die soziale Unterstützung der Schüler zu leisten imstande ist, wo sie dabei ihre Schwerpunkte setzt und wo sie diesbezüglich eventuell gar Defizite aufzuweisen hat. Hurrelmann (1990) argumentiert in seinem Beitrag über die Rolle der Schule im sozialen Unterstützungswerk Jugendlicher: *"Das entscheidende Potential für soziale Unterstützungs-*

leistungen kommt aus den sozialen Beziehungen der im System Schule handelnden Personen, also den Beziehungen zwischen den Schülern untereinander einerseits und denen zwischen Lehrern und Schülern andererseits" (429). Die soziale Unterstützungsfunktion von Schule zu betrachten bedeutet demnach, sich vor allem mit der Art, dem Stellenwert und der Qualität der Schüler-Schüler als auch der Lehrer-Schüler-Beziehung auseinanderzusetzen. Denn beides sind anscheinend diejenigen Beziehungsebenen, auf denen sich im schulischen Alltag soziale Unterstützungsprozesse vorwiegend vollziehen.

a. Soziale Unterstützungsfunktion der Schule mit Blick auf die (Mit-) Schüler

In der Wahrnehmung der Lehrer ist Schule vor allem ein Ort der Begegnung unter Gleichaltrigen, an dem Schüler Freunde finden, mit denen sie sich auch außerhalb der Schule treffen. Dies wird von den Befragten als Sinn und Funktion von Schule übereinstimmend für wichtig und als weitgehend realisiert eingeschätzt. Gleiches gilt auch für den Gedanken- und Ideenaustausch unter Schülern, für die Auseinandersetzung der Schüler mit anderen Meinungen und Einstellungen und für das Lernen, sich als Schüler an bestimmte Regeln und Vorschriften zu halten sowie sich mehrheitlichen Meinungen zu fügen. Allerdings weisen die Differenzen zwischen der Beurteilung der schulischen Realität und der Wichtigkeit auch auf ein seitens der Befragten z.T. erlebtes, jedoch nicht sehr ausgeprägtes Defizit im Hinblick auf die letztgenannten Aspekte hin. Wenn es jedoch darum geht, daß sich Schüler für das Schulleben mitverantwortlich fühlen und wenn die Kooperationsbereitschaft und -fähigkeit der Schüler mit Mitschülern angesprochen wird (z.B. die gemeinsame Konfliktlösung), nehmen die Lehrer eine kritischere Position ein. Dies betrifft auch die Fähigkeit und die Bereitschaft der Schüler, sich in die Gedanken und Gefühle ihrer Mitschüler einzufühlen sowie das Lernen von Fairneß und Toleranz gegenüber Mitschülern. Dies betrifft aber auch die Tatsache, daß sich viele Schüler nach Ansicht der Lehrer nur für ihr eigenes Fortkommen interessieren und einige Schüler im Mitschüler vorwiegend den Konkurrenten sehen. Bezüglich des Erlebens eines Zugehörigkeits- und Gemeinschaftsgefühls der Schüler in der Schule sind die Lehrer in ihrem Antwortverhalten ebenfalls eher zurückhaltend, was deren Realisierung in der Schule betrifft, und viele glauben auch nicht, wie bereits betont, auf das Gemeinschaftserleben der Schüler in der Schule einen günstigen Einfluß zu haben.

Schule wird von den Befragten demnach einerseits als geselliger Ort betrachtet, an dem Schüler Freunde finden, mit Gleichaltrigen zusammen sind und mit denen sie sich austauschen und mit deren Meinungen sie sich auseinandersetzen. Der Bedeutung und dem Stellenwert dieser sozialkommunikativen Funktion von Schule stehen jedoch insbesondere das geringe Mitverantwortungsgefühl der Schüler für das Schulleben sowie die Zustimmungen zu den Aussagen gegenüber, viele Schüler würden sich nur für ihr eigenes Fortkommen interessieren und im Mitschüler vorwiegend den Konkurrenten sehen. Demnach müssen bei der Betrachtung und Beurteilung der sozialen Unterstützungsfunktion der Schule durch (Mit-) Schüler mehrere Beziehungsebenen unter Schülern voneinander unterschieden werden: zum einen die Ebene der Freundschaftsbeziehungen, auch unabhängig von Schule, zum anderen die Ebene sozialer Beziehungen unter Mitschülern, vor allem in Abhängigkeit des schulischen Geschehens (z.B. Gedanken- und Ideenaustausch; Konkurrenzdenken) und zum Dritten eine eher globale, über die Peergroup und die Lerngruppe hinausreichende Ebene, die mit der Identifizierung von Schule in Zusammenhang zu stehen scheint (z.B. Mitverantwortlichkeitsgefühl für das Schulleben; Zugehörigkeits- und Gemeinschaftsgefühl).

Die Zusammenarbeit unter Schülern, die Auseinandersetzung mit anderen Schülermeinungen sowie der gegenseitige Gedanken- und Ideenaustausch etc. ergeben sich ja zwangsläufig aufgrund der aufgabenbezogenen Gemeinsamkeiten der in der Schule Lernenden. Davon unberührt scheinen hingegen vor allem das Gefühl der Mitverantwortlichkeit der Schüler für das Schulleben sowie das Erleben von Gemeinschaft und Zugehörigkeit zu sein. Dies alles spricht für die Vermutung, daß es in der Schule - zu verstehen als künstlich geschaffenem Lebensraum - nicht per se gelingt, das Zugehörigkeits-, Gemeinschafts- und Mitverantwortungsgefühl bei Schülern hinreichend zu fördern. Eckerle und Kraak (1993; S. 137) bemerken dazu: *"Was ältere Generationen als selbstverständlich empfinden, daß frühere "Klassenkameraden" diesen Status nie verlieren und ein Leben lang, auch nach Jahrzehnten Unterbrechung wieder zum engeren Lebenskreis zählen, diese Zugehörigkeit stiftende Funktion hat die Klassengemeinschaft nicht mehr;*

die Mitschüler sind nicht im soziologischen Sinn eine Gruppe, sondern eine Menge von Schülern, unter denen man sich Freunde wählt."

Freundschaftsbeziehungen, Beziehungen zu Mitschülern und die Mitverantwortung für das Schulleben sind im Rahmen der sozialen Unterstützungsfunktion von Schule mit Blick auf die (Mit-) Schüler daher nicht als gleichwertig anzusehen, denn sie haben für Schüler - und dies wohl nicht nur in der Auffassung der befragten Lehrer - eine jeweils spezifische Bedeutung und Qualität. Vor allem sind soziale Beziehungen zu Mitschülern auch in Zusammenhang mit der Leistungsorientierung von Schule zu betrachten, worauf die Befunde zum Konkurrenzdenken unter Schülern und des einseitigen, auf das eigene Fortkommen gerichteten Verhaltens bei einigen Schülern hinweisen. Dennoch ist die Wichtigkeit der sozialen Unterstützungsfunktion der Schule durch die Peergroup und die wietgehende Realisierung eines guten sozialen Beziehungsnetzes unter Schülern für die Schüler in der Meinung der Lehrer eindeutig erkennbar.

b. Soziale Unterstützungsfunktion durch Schule und Lehrer

Wie bereits betont, ist etwas weniger als die Hälfte der Befragten nicht der Meinung, daß sich Schüler in der Schule zugehörig fühlen und dort ein Gemeinschaftsgefühl erleben. Aus den Antworten zur Frage, inwieweit Schüler in der Schule Hilfe und Unterstützung erwarten können und auch dann Unterstützung erfahren, wenn sie einer Aufgabe nicht gewachsen sind, geht ferner hervor, daß viele Lehrer ein Defizit erleben, was in dieser Hinsicht die soziale Unterstützungsfunktion von Schule anbelangt. Allerdings nehmen sich die Befragten selbst dabei nicht aus der Verantwortung, sondern sie sehen ihre Rolle in dieser Hinsicht durchaus auch selbstkritisch. Denn es sind "nur" 64% der Lehrer aus den alten Ländern, die glauben, daß Schüler in der Schule Anerkennung durch Lehrer erfahren, wohingegen 91% der befragten Lehrer dies für wichtig hielten.

Welche Rolle spielt nun die für die Realisierung sozialer Unterstützungsprozesse durch Schule und Lehrer fundamentale Lehrer-Schüler-Beziehung? Lassen sich aus den Ergebnissen der seitens der Lehrer in diesem Zusammenhang z.T. als defizitär erlebten sozialen Unterstützungsleistungen von Schule auch Rückschlüsse auf die Art und die Qualität der

Beziehung zwischen Lehrern und Schülern ableiten? Auf die sozial-kommunikative Funktion von Schule in Bezug auf Freunde, Gleichaltrige und Mitschüler und auf deren Bedeutung wurde bereits hingewiesen.

Die überwiegende Mehrzahl der befragten Lehrer beurteilt das Verhältnis zu ihren Schülern durchweg positiv: Lehrer empfinden die Beziehung zu ihren Schülern als partnerschaftlich und sie sind an einem freundschaftlichen Verhältnis zu Schülern interessiert. Diese positiven Selbsteinschätzungen decken sich auch mit den Antworttendenzen zu Aussagen über die psychologisch-pädagogischen Fähigkeiten der Lehrer. Demzufolge glauben die Lehrer mehrheitlich, sich in die Gedanken und Gefühle ihrer Schüler einfühlen und gut mit persönlichen und schulischen Problemen von Schülern umgehen zu können sowie die Ängste, Befürchtungen und Sorgen der Schüler zu kennen und für Schüler ein guter Berater zu sein, wenn es um schulrelevante oder um persönliche Belange geht. Darüber hinaus nehmen sich fast alle Befragten Zeit für die Probleme ihrer Schüler. Auch die mehrheitlichen Zustimmungen der Befragten zu den Aussagen, als Lehrer an den Meinungen, Einstellungen und Gefühlen der Schüler interessiert zu sein, in der Schule für die Schülerinteressen einzutreten und für Schüler ein verständnisvoller Gesprächspartner zu sein, deuten auf ein ausgewogenes, partnerschaftliches und sozial-emotional unterstützendes Lehrer-Schüler-Verhältnis hin. Aus den Befunden dieser Studie läßt sich allerdings auch erkennen, daß Schüler in der Meinung der Lehrer kaum die Gelegenheit wahrzunehmen scheinen, sich mit persönlichen Problemen und Schwierigkeiten an ihre Lehrer zu wenden, obwohl dies die Mehrzahl der Befragten für wichtig (und auch für wünschenswert?) hielt. Lehrer sind für Schüler demnach nicht die adäquaten Ansprech- und Gesprächspartner, wenn es um persönliche Angelegenheiten geht, auch wenn sie (die Lehrer) meinen, dafür kompetent zu sein. Vielmehr scheinen Schüler in dieser Hinsicht andere Interaktionspartner (z.B. Schulfreunde; Eltern) zu präferieren.

Signalisieren die Schüler durch die Verweigerung einer intimeren Beziehung zu ihren Lehrern dadurch eine soziale Distanz zu ihren Lehrern? Spricht dies demnach für ein eher pragmatisches, aufgabenbezogenes und durch formal-strukturelle Gegebenheiten (z.B. Vermittlung von Fachwissen; Leistungsbeurteilung) determiniertes Lehrer-Schüler-Verhältnis, bei dem die persönliche Ebene eben eine nur untergeordnete bzw. auch gar keine Rolle spielt? Auf jeden Fall läßt dies nicht die Schlußfolgerung zu, daß

Schüler ihre Lehrer als sozial-emotionalen Partner anerkennen, denen sie sich anvertrauen würden und von denen sie Hilfe und Unterstützung bei persönlichen Problemen und Schwierigkeiten erwarten würden. Liegen darin die z.T. von den Lehrern als defizitär erlebten sozialen Unterstützungs- leistungen von Schule begründet, weil Schüler diese gar nicht in Anspruch nehmen möchten? Zumindest weisen die Befunde zusammenfassend darauf hin, daß die sozialen Unterstützungsleistungen in der Schule eher aus den Beziehungen zwischen den Schülern und nicht notwendigerweise aus der Lehrer-Schüler-Beziehung resultieren. Es scheinen vor allem die Freunde und die Mitschüler zu sein, deren Anerkennung bei den Schülern zählt und von denen sie soziale Unterstützung erwarten können. Das haben die Lehrer durch ihr Antwortverhalten auch deutlich zum Ausdruck gebracht. Die Befragten müssen allerdings auch erkennen, daß sie für Schüler als persönlicher Ansprechpartner kaum infrage kommen, auch wenn sie meinen, ein verständnisvoller Gesprächspartner und ein guter Berater zu sein, die Probleme ihrer Schüler zu kennen etc..

Wenn sich das Verhältnis der Lehrer zu ihren Schülern vor allem auf die Ebene schulbezogenen Lernens und Arbeitens beschränkt, d.h. auf eine Beziehungsebene, auf der man sich eben arrangieren muß, um im schulischen Alltag möglichst gut miteinander aus- und zurechtzukommen, wie sind dann die in dieser Hinsicht von den Lehrern zum Ausdruck gebrachten positiven Selbsteinschätzungen bezüglich ihrer psychologisch-pädagogischen Fähigkeiten und ihrer Beziehung zu Schülern zu interpretieren? Und wenn Lehrer glauben, ihr Verhältnis zu Schülern sei mehr als nur auf schulische Angelegenheiten bezogen, laufen sie dann nicht Gefahr der Selbsttäuschung und der Selbstüberschätzung? Dies zu beurteilen kann vor allem unter Berücksichtigung der Schülermeinungen bzw. durch die Gegenüberstellung der Lehrer- und der Schülerperspektive zum Lehrer-Schüler-Verhältnis geschehen, worauf im Folgenden Bezug genommen werden soll.

In der Studie von Eckerle und Kraak (1993) wurden die Selbst- und Weltbilder von Schülern (15-jährige) und Lehrern aus Gesamtschulen erfaßt und miteinander verglichen. Eckerle und Kraak resümieren aufgrund der Befragungsergebnisse hinsichtlich sozialer Kontakte der Schüler zu Lehrern zusammenfassend: *"Lehrer werden in den Urteilen der Schüler geradezu "abgewiesen" (...) Die Schüler legen keinen Wert auf ihre Anerkennung, sie sehen aber auch keine Möglichkeit, darum zu werben (...) Demnach haben sich die Schüler tatsächlich enttäuscht von ihren Lehrern abgewandt, ihr Verhalten aber im Sinne der Chancenwahrnehmung angepaßt, so daß es den Lehrern signalisiert, daß sie eine kooperative, freundlich gestimmte Klasse vor sich hätten"* (137ff). Graudenz und Randoll (1992) ziehen ebenfalls aufgrund ihrer Befragungsergebnisse zur Wahrnehmung von Schule bei Schulabgängern (Abiturienten) in der Bundesrepublik Deutschland die folgende Schlußfolgerung: *"Die Lehrer-Schüler-Beziehung ist (...) vor allem durch die formal-strukturellen Gegebenheiten (...) sowie durch den Leistungs- und Selektionsanspruch von Schule bestimmt. Nach Meinung der Befragten sind Lehrer kaum an einer über schulische Leistungen, über das Durchziehen ihres Pensums und über die Vermittlung von Fachwissen hinausgehenden Beziehung zu Schülern interessiert. (...) Die Wünsche der Befragten weisen jedoch in eine eindeutige Richtung: die Person des einzelnen Schülers sollte von Lehrern stärker akzeptiert und gewürdigt werden; Lehrer sollten einfühlsamer und mehr an den Interessen und Bedürfnissen der Schüler orientiert sein ..."* (56f).

Die in der vorliegenden Studie von der Mehrzahl der Lehrer zum Ausdruck gebrachten Meinung einer partnerschaftlichen Beziehung zu Schülern sowie die vielen Zustimmungen der Befragten über ihr Einfühlungsvermögen, über ihr Wissen um die Probleme, Sorgen und Gedanken der Schüler als auch über ihre Bereitschaft und ihre Fähigkeit, auf persönliche oder schulbezogene Schülerprobleme einzugehen und damit adäquat umgehen zu können weichen demnach deutlich und in z.T. erschreckendem Ausmaß von dem ab, wie Schüler ihre Lehrer in dieser Hinsicht wahrnehmen und beurteilen. Angesichts dieses Sachverhaltes sollten sich die Lehrer selbstkritisch Gedanken darüber machen, ob ihre positiven Selbsteinschätzungen hinsichtlich ihrer Beziehung zu Schülern mit der Wirklichkeit tatsächlich übereinstimmen, d.h. ob sie sich in ihren sozialen und psycholgisch-pädagogischen Fähigkeiten als auch in ihrer Rolle als Erziehender nicht selbst etwas vormachen. Sie sollten sich vor allem jedoch fragen, weshalb viele Schüler sie trotz ihres positiven Selbstbildes hinsichtlich ihrer psychologischen Kompetenzen und ihrer Beziehung zu Schülern dennoch vorwiegend "nur" als Wissensvermittler und nicht als gleichwertigen Partner sehen und anerkennen, dem man sich auch einmal anvertrauen könnte.

Es gilt in diesem Zusammenhang allerdings auch zu bedenken, daß das Lehrer-Schüler-Verhältnis grundsätzlich durch Rollenungleichheiten bestimmt und daher immer ein ungleichgewichtiges ist, insbesondere weil Lehrer als Leistungsbeurteiler fungieren und im Schulleben mit mehr Macht und mit mehr Kompetenzen ausgestattet sind als die Schüler. Lehrer und Schüler treffen in der Schule ja zunächst ohne persönlichen Bezug aufeinander und sie sind genötigt, dort bestimmte Aufgaben gemeinsam zu bearbeiten sowie vorgegebene Ziele in einer bestimmten Zeit zu erreichen. Die Lehrer-Schüler-Beziehung ist daher zuallererst vor allem eine funktionale, d.h. auf die Bewältigung dieser aufgabenbezogenen Situationen gerichtete Beziehung. Dies alles steht einem gleichwertigen, gleichberechtigten, partnerschaftlichen und auf gleiche Interessen bezogenen Lehrer-Schüler-Verhältnis im Grunde genommen entgegen und führt wohl auch dazu, daß viele Schüler ihre Lehrer vorwiegend als Wissensvermittler und als Fachwissenschaftler wahrnehmen und beurteilen.

Aus den Schülermeinungen geht allerdings deutlich hervor, daß die soziale Unterstützungsfunktion von Schule und von Lehrern nicht in dem Maße realisiert zu sein scheint, wie sie sich dies unter Umständen wünschen und vorstellen könnten und wie viele Lehrer glauben, dies hinreichend verwirklicht zu haben. Viele Schüler halten ihre Lehrer nicht unbedingt für kompetent und auch nicht für bereitwillig, sie bei ihren Sorgen und Nöten in der Schule hinreichend zu unterstützten. Vielmehr geben sie entgegen der Meinung der Lehrer deutlich zum Ausdruck, daß viele Lehrer nur an der Vermittlung ihres Wissens interessiert sind etc. und sie schätzen ihre Beziehung zu Lehrern bei weitem nicht so ein, als daß sie ihre Lehrer bei Problemen und Schwierigkeiten ansprechen und sie um Rat und Hilfe ersuchen würden. Dennoch steht dies nicht im Widerspruch zu dem von den Lehrern zum Ausdruck gebrachten höflichen, durch gegenseitigen Respekt und realistischen Erwartungen bestimmten Lehrer-Schüler-Verhältnis, was darauf hinweist, daß die Kommunikation zwischen Lehrern und Schülern in der Schule auf der formalen Interaktionsebene zu funktionieren scheint. Zu bedenken gilt jedoch auch, daß wir es in dieser Untersuchung mit einer Minderheit der Lehrerschaft zu tun haben, die möglicherweise tatsächlich engagierter sind, was ihr Verhältnis bzw. ihre Beziehung zu Schülern anbelangt, als die restlichen ca. 70% derjenigen, die sich nicht an der Befragung beteiligt haben und auf die sich die Schüler in ihren Einschätzungen eventuell berufen haben. Doch bleibt dies Spekulation und kann nur als eine mögliche Interpretation der eben mitgeteilten Befunde ins Auge gefaßt werden.

Dennoch: wenn Lehrer in der Schule ihrer sozialen Unterstützungsfunktion mehr und besser gerecht werden möchten, als dies ihre Schüler wahrnehmen und beurteilen, dann muß sich mit Sicherheit ihr Verhältnis zu Schülern und ihr Verhältnis zur Schule, d.h. zu ihrer bisherigen inhaltlichen Orientierung zugunsten einer stärkeren Betonung der interaktiven Ebene - statt der primär lern- und leistungsbezogenen Ebene - ändern. Dazu bedarf es allerdings eines Umdenkens seitens der Lehrer und einer Einstellungsänderung vor allem hinsichtlich ihres Berufsverständnisses und ihres erzieherischen Auftrags, bei dem die sozial-emotionalen Unterstützungsleistungen für Schüler verstärkt mitberücksichtigt werden müßten.

6 Schluß

Die meisten der in dieser Studie befragten Lehrer geben eindeutig zu erkennen, daß vielen Schülern Schule keinen Spaß macht, daß sie die schulischen Lerninhalte weitgehend als sinnlos empfinden und daß der einzelne Schüler in der Schule/im Unterricht viel zu kurz kommt. Darüber hinaus haben Schüler nach Ansicht vieler der befragten Lehrer in der Schule zu wenig Mitspracherechte und Einflußmöglichkeiten, ihre Wünsche und Bedürfnisse werden in der Schule und im Unterricht nur unzureichend berücksichtigt und die schulischen Inhalten gehen zum Teil weit an dem vorbei, was die Schüler interessiert. Weder das Mitverantwortlichkeits- noch das Zugehörigkeits- und Gemeinschaftsgefühl der Schüler, weder die Lernmotivation der Schüler noch ihre Lernfreude, weder ihre kreativen Fähigkeiten noch ihre Spontaneität werden von den Befragten in der bzw. durch die Schule als hinreichend realisiert beurteilt. Insofern stimmt das Bild, das Lehrer über ihre Schüler und über deren Verhältnis zur Schule und zu schulischem Arbeiten und Lernen haben, in der Tendenz mit dem Bild überein, das in vielen kritischen Beiträgen über das staatliche Schulwesen in der Bundesrepublik Deutschland immer wieder zum Ausdruck gebracht wird, und das sich thesenhaft wie folgt zusammenfassen läßt:

- Das Verhältnis Jugendlicher zur Schule und das der Schule zu Jugendlichen ist gestört (Flintner & Thiersch 1983);

- *"... Schule hat ihr Monopol verloren, Kinder und Jugendliche in sinnvolle und sinnhafte Lernprozesse zu integrieren (...) Jugendliche lernen, was sie interessiert und Gebrauchswert hat, außerhalb der Schule; was sie nicht interessiert, aber bis jetzt noch einen hohen Tauschwert hat (...), in der Schule"* (Du Bois-Reymond 1992, 16).

- Schüler lernen in der Schule vor allem, sich den Gegebenheiten in der Schule anzupassen, Schule auszuhalten und in ihr zurecht- und durchzukommen, verbunden mit dem Versprechen und der vermeintlichen Aussicht, durch den Schulabschluß bessere berufliche Chancen zu haben (z.B. Beck 1994);

- Schule entläßt ihre Schüler kenntnisreich, aber erfahrungsarm, erwartungsvoll, aber orientierungslos, ungebunden, aber auch unselbständig und ohne Bezug zum Gemeinwesen (Von Hentig 1993);

Vergegenwärtigt man sich einmal die semantische Bedeutung der Begriffe **"Schule"** (= Muße, Ruhe, wissenschaftliche Beschäftigung während der Mußestunden; Innehalten in der Arbeit; haben, halten, einhalten, innehalten) und **"Lernen"** (ursprünglich: einer Spur nachgehen, nachprüfen; lernend = wissend werden, nachgespürt haben; vgl. Duden Nr. 7) und bezieht diese auf die heutige Schulsituation, dann gibt dies Anlaß zu fragen, was es mit der Muße und der Ruhe in unseren Schulen noch auf sich hat und wo für Schüler wie auch für Lehrer die Gelegenheit besteht, einer Sache nachspüren und nachgehen zu können. Besinnen wir uns auf diese grundlegenden Aspekte von Schule und Lernen, dann bedeutet dies zwangsläufig, daß sich Schule vom Leistungsdruck und damit verbunden auch vom Zeitdruck befreien, und sich auch unabhängig von politischen und wirtschaftlichen Interessen definieren muß. Die Gegebenheiten sehen allerdings ganz anders aus. Denn unser Schulsystem gründet vor allem auf der Idee, daß man Bildung und Erziehung - vergleichbar einem industriellen Produktionsprozeß - planmäßig und geschlossen organisieren und gestalten könne, bis hin zur Überprüfung und Kontrolle ihres Erfolges (vgl. Beck 1994) und es basiert insbesondere auf dem Bedarf des Staates nach Loyalität des Einzelnen zur jeweiligen Gemeinschaft, nach wirtschaftlich nutzbaren Qualifikationen und auf dem Bedürfnis der Sicherung des Wirtschaftsstandortes. Nicht die persönliche Entfaltung der Schüler, ihre Eigeninitiative und ihre kreativen Fähigkeiten werden primär belohnt und nicht das Lernen aus Eigeninteresse und aus

Eigenverantwortung der Schüler gefördert, sondern vielmehr die Anpassung und der Konformismus an die vorgegebenen Lerninhalte und Lernstrukturen. Lernen wird vor allem als einheitlicher Prozeß betrachtet und Wissen als meßbar aufgefaßt. Durch dirigistische und von daher im Grunde genommen autoritäre Anordnungen und Verwaltungen obliegt dem Staat die Macht und die Verantwortung, über die Verteilung der beruflichen Chancen Jugendlicher zu entscheiden, indem er sie nach bestimmten Leistungsstandards selektiert und aussortiert. Er wird so zum Notar über die zu vermittelnden Lerninhalte und über die zu erbringenden Lernleistungen und damit auch zum Richter über die Lebenslaufbahnen der Schüler (vgl. Von Hentig 1993). Die zu beobachtende Überorganisation von Schulen und von Lernprozessen läßt sich allerdings auch als ein Mißtrauensverhältnis gegenüber der nachfolgenden Generation deuten wie auch vermuten, daß die Verfechter einer solchen Bildungsvorstellung Angst zu haben scheinen, die Jugendlichen könnten sich nicht so entwickelt, wie man sich das wünscht und wie dies in die bestehenden Verhältnisse paßt (vgl. Beck 1994).

Die derzeit zu beobachtenden Bestrebungen des Hessischen Kultusministeriums, den einzelnen Schulen mehr Autonomie im Sinne von vermehrter Selbstverwaltung und den darin Beteiligten mehr Mitspracherechte und damit auch mehr Mitgestaltungsmöglichkeiten zuzugestehen, sind im Hinblick auf der Suche nach alternativen Lösungen als begrüßenswert zu betrachten. Allerdings scheint die Realisierung dieser Bestrebungen - neben den zur Verfügung zu stellenden finanziellen Ressourcen - vor allem von dem Engagement und dem Ideenreichtum der Lehrer, der Schüler und der Eltern sowie von der Bereitschaft aller Beteiligten abhängig zu sein, in einen offenen, gleichbereichtigten Dialog einzutreten. Eckerle und Kraak (1993) sind - was die Lehrer anbelangt - in dieser Hinsicht allerdings eher skeptisch, da sich die meisten (Gesamtschul-) Lehrer in der von den Autoren durchgeführten Studie eben ***nicht*** für die Gestaltung ihrer Schule zuständig fühlten; ein Befund, der nach Ansicht von Eckerle und Kraak für die Verwirklichung kontinuierlicher innerer Schulreformen wie auch für die Umsetzung bildungsreformerischer Gedanken geradezu vernichtend ist. Es bleibt allerdings abzuwarten, wie sich die vom Kultusministerium Hessen beabsichtigten Autonomie- bzw. Selbstverwaltungsbestrebungen von Schulen in die Praxis umsetzen lassen und zu welchen Veränderungen diese im pädagogischen Alltag führen werden.

Die an die Schulen herangetragenen Forderungen, Schülern nicht nur fachliche Kenntnisse, Fertigkeiten und Fähigkeiten zu vermitteln, sondern vermehrt im Sinne einer sozialen Unterstützungsfunktion für Jugendliche zu handeln, verstärkt auf die Persönlichkeitsentwicklung der Schüler einzuwirken und ihnen einen Erfahrungs- und Lebensraum zu bieten, in dem ein sinnvolles, eigenverantwortliches und auf die Interessen, Bedürfnisse und Wünsche der Schüler bezogenes Lernen möglich ist und in dem Schüler auf die Probleme der Gegenwart und der Zukunft vorbereitet werden, erkennen die in dieser Studie befragten Lehrer zwar als wichtige Sinn- und Funktionsaspekte von Schule an, doch sehen sich viele außerstande, diese auch in die Praxis umzusetzen und dort zu verwirklichen. Die Verantwortung dafür tragen nach Ansicht der meisten Lehrer nicht sie selbst, sondern zunächst vor allem die Schüler, die - zwar im Grunde genommen aufgeschlossen, mutig, umgänglich und interessiert - im schulischen Alltag in Desinteresse, mangelnde Leistungs- und Anstrengungsbereitschaft, in Demotivation und in geringe Eigeninitiative verfallen. Verantwortlich werden jedoch auch die Bildungspolitiker, die zunehmende Verbürokratisierung der Schulen und die zahlreichen Erlasse, Anordnungen und Verwaltungsvorschriften gemacht, denen sich Lehrer per Status ja auch in irgend einer Hinsicht verpflichtet fühlen müssen und die für viele Lehrer eine nur schwer zu bewältigende Mehrarbeit bedeuten. Deutlich geben viele der Befragten zu verstehen, daß es für sie unter den derzeitigen Bedingungen kaum möglich ist, eine sinnvolle(re) pädagogische Arbeit zu vollbringen, um z.B. vermehrt auf einzelne Schüler einzugehen, die verschiedenen Interessen der Schüler im Unterricht verstärkt zu berücksichtigen oder Schülern mehr Mitsprache- und Mitenscheidungsrechte zuzugestehen. Insofern hinken die Ansprüche, die Lehrer an Schule und an ihre eigene Arbeit z.T. stellen und die an die Schule herangetragen werden, der schulischen Wirklichkeit und den eigenen Erwartungen der Pädagogen weit hinterher.

Angesichts der positiven Selbsteinschätzungen der Lehrer hinsichtlich ihrer psychologisch-pädagogischen Fähigkeiten, ihrer Beziehung zu Schülern und ihrem selbstkritischen Verhalten etc. und angesichts ihres günstigen Einflusses, den sie glauben, auf verschiedene Aspekte der Persönlichkeitsentwicklung der Schüler, auf ihr Wissen und auf ihren Umgang mit Wissen zu haben, ist es jedoch verwunderlich, weshalb sich dies nicht günstiger auf die Schüler und auf ihr Verhältnis bzw. auf ihre Einstellung zur Schule, zu schulischem Lernen und Arbeiten auswirkt. Möglicherweise ist dies als

Anzeichen dafür zu werten, daß sich die Schüler von ihren Lehrern tatsächlich abgewendet haben oder daß zumindest die Interaktion zwischen Lehrern und Schülern nicht mehr funktioniert, weil Lehrer ihre Schüler nicht verstehen und weil sie nicht oder zu wenig an dem anknüpfen, was die Schüler interessiert, was diese beschäftigt und welche für die Schüler relevanten Fragen in der Schule unbeantwortet und unbearbeitet bleiben. Hurrelmann (1980) bemerkt dazu: *"Die Beziehung zwischen Interaktionspartnern in eng aufeinander bezogenen Rollen kann dann als gestört gelten, wenn der Ablauf gemeinsamer Interaktionsprozesse total unterschiedlich interpretiert wird und die Handlungen und Äußerungen des anderen nicht so verstanden werden, wie er sie selbst versteht"* (49).

Grundsätzlich ist jedoch auch zu überlegen, ob sich Lehrer nicht etwas vormachen, wenn sie zum Ausdruck geben, ihr Verhältnis zu Schülern sei partnerschaftlich, sie wüßten um die Probleme der Schüler als auch was diese beschäftigt und sie könnten damit adäquat umgehen etc., d.h. ob nicht viele Lehrer zu Überschätzungen ihrer Fähigkeiten und Möglichkeiten neigen, wie dies am Beispiel ihrer Beurteilung des Lehrer-Schüler-Verhältnisses im Vergleich zur Schülerperspektive exemplarisch veranschaulicht werden konnte. Projizieren die Befragten durch ihr Antwortverhalten und durch die positiven Selbsteinschätzungen im Grunde genommen nicht auch eigene Schwächen und Unzulänglichkeiten auf andere, um einer selbstkritischen Mitverantwortung für die von ihnen zum Ausdruck gebrachten Schulwirklichkeiten aus dem Wege zu gehen? Denn alleine "die Schule", schulbürokratische Gegebenheiten und/oder unzulängliche Arbeitsbedingungen sowie die Schüler für die zu beobachtenden und von den Lehrern genannten Probleme im Kontext schulischen Lernens und Arbeitens sowie im Zusammenhang mit der Realisierung verschiedener Sinn- und Funktionsaspekte von Schule verantwortlich zu machen, greift mit Sicherheit zu kurz. So leicht dürften sich die Lehrer das nicht machen.

Die Rolle des Lehrers und die Erwartungen an seine Arbeit haben sich in der Vergangenheit mit Sicherheit geändert, denn Lehrer werden heute mehr und anders gefordert, als noch vor einigen wenigen Jahren. Sie haben es mit einer anderen Schülergeneration zu tun, die kritischer, weniger autoritätshörig und egozentrischer bzw. privatistischer sind und die sich mit einer Fülle ungelöster gesellschaftlicher, umweltpolitischer und sozialer Probleme auseinandersetzen müssen und die unter zum großen Teil ungünstigen, weil im

Grunde genommen den Einzelnen überfordernden Medien- und Konsumverhältnissen aufgewachsen sind. Kinder und Jugendliche sind aufgrund der aktuellen und zukunftsbezogenen Probleme vielleicht mehr denn je verunsichert und verängstigt und ihre Lebensprobleme überlagern ihre Lernprobleme (vgl. Von Hentig 1993). Schule sollte daher anders werden, weil die Kinder und die Jugendlichen anders geworden sind. Sie muß sich den veränderten Bedingungen und den an sie herangetragenen Anforderungen stellen und sich darüber im Klaren werden, daß ihr herkömmliches Bildungsangebot nicht mehr ausreicht und daß ihre traditionellen Bildungs- und Erziehungsvorstellungen in weiten Teilen unzeitgemäß geworden sind.

Lehrer haben es aber auch mit veränderten Arbeitsbedingungen zu tun; der Lehrerstatus hat sich verändert, auf die Schule kommt zunehmend mehr die Aufgabe zu, Probleme anzugehen, die früher noch eindeutiger der Familie zugeordnet waren etc.. All dies trägt dazu bei, daß mehr und präzisere Anforderungen an den Lehrer als Person, an seine Authentizität, an seine persönliche Verantwortlichkeit, an seine Eigeninitiative und an sein Engagement zu stellen sind. Lehrer können sich nicht mehr nur auf gesellschaftlich anerkannte "Gratisproduktionen" (z.B. das präsente Vorverständnis von Autorität; vgl. Ziehe 1984) verlassen und sich auf ihr Lern- und Bildungsprogramm beschränken, was sie offiziell ja auch nicht möchten, defacto allerdings - zum Teil auch aus gut nachzuvollziehenden Gründen - nur allzu häufig praktizieren. Vielmehr müssen sie die Bereitschaft und die Fähigkeit mitbringen, die interaktive Ebene neben der primär curricularen noch stärker auszubauen und verstärkt im Sinne einer sozialen Unterstützungsfunktion für Schüler zu handeln. Dies setzt allerdings die Bereitschaft und die Fähigkeit voraus, zu Schülern eine positive Beziehung aufzubauen, in direkten, persönlichen Kontakt mit ihnen einzutreten, und Schülern gegenüber mit Fairneß und Toleranz zu begegnen, sowie verstärkt die Perspektive der Schüler zu übernehmen und sich selbst dabei nicht zu verleugnen, indem man sich auf die traditionelle Rolle als Lehrer zurückzieht. Wenn Schüler das Gefühl vermittelt bekommen, daß Lehrer ihnen Respekt und Wertschätzung entgegenbringen und Vertrauen in sie als Person, in ihre Fähigkeiten und ihre Lernbereitschaft zeigen, und wenn sie Anerkennung durch Lehrer auch bzw. vor allem unabhängig von den seitens der Schule erwarteten Leistungen erfahren und wenn ihnen diese Anerkennung wieder etwas wert ist, dann wäre mit Sicherheit schon viel erreicht. Der inhaltlichen Gestaltung der Lehreraus- und -fortbildung kommt in dieser Hinsicht mit Sicherheit eine große Bedeutung zu und es wäre notwendig, diese Überlegungen in die Diskussion über die Zielorientierung der Lehrerbildung mit einzubeziehen.

Wenn Lehrer ihren Beruf nicht nur als Wissensvermittler begreifen möchten, bedarf es mit Sicherheit großer Anstrengungen und an Ideenreichtum, der Vielzahl an erlebten und vorhandenen (staatlichen) Reglementierungen bzw. Einschränkungen zu trotzen, um damit nicht zuletzt auch der Verabsolitierung der Schule entgegenzuwirken. Es bedarf seitens der Lehrer an Mut, Selbstvertrauen, Durchsetzungsvermögen und an Kreativität aber auch an Selbstkritik, Selbstreflexion, Offenheit sowie an Aufgeschlossenheit gegenüber Schülern und dem einmal erworbenen Wissen als auch an Bereitschaft, (Mit-) Verantwortung für die innere Gestaltung der Schule zu übernehmen. Zunehmend mehr sind deshalb Lehrerpersönlichkeiten gefragt, die bereit sind, sich über die formal-bürokratischen Hürden hinwegzusetzen und sich den verändernden Problemen der Jugend und den veränderten Bedingungen des Schulalltags zu stellen. Wenn der Lehrerberuf allerdings nur noch als Job angesehen wird und sich Lehrer vorwiegend als Vermittler von Wissen begreifen bzw. wenn ihnen der Lernerfolg ihrer Schüler wichtiger ist als die Person des Schülers, dann wird Schule noch mehr zu staatlichen Verwaltungsinstitutionen, zu Karriereanstalten und zu Selektionsinstrumentarien degradieren. Angesichts der Tatsache, daß Schüler in und mit der Schule einen großen Teil ihrer Jugendzeit verbringen, hilft es ihnen wenig, wenn sich die an der Gestaltung und Organisation von Schule maßgeblich Beteiligten die Verantwortung für deren Weiterentwicklung oder Reformierung gegenseitig zuschieben.

Es gibt mit Sicherheit viele positive Beispiele, in denen das Prinzip einer stärkeren Demokratisierung von Schule im Sinne eines zwischen Lehrern und Schülern gleichwertigen und partnerschaftlichen miteinander Handelns, Arbeitens, Lernens und Umgehens praktiziert, und in denen Lernen und Leistung mit mehr Freiheit, Offenheit und mit mehr Transparenz verwirklicht wird (siehe z.B. den Bericht von J. Feuck in der Frankfurter Rundschau "Eine Schule läßt das Leben von draußen herein" vom 1. Dez. 1994, Seite 6). Dies sollte Anlaß zu Optimismus geben und zeigen, daß Schule eben doch anders sein kann, als man dies vielerorts vorfindet, wünscht und erwartet. Doch scheinen weiterreichende Reformbestrebungen in der Schule in dem Sinne, sie schülergerechter zu gestalten und den am schulischen Prozeß Beteiligten mehr Mitsprache- und Mitentscheidungsrechte zuzugestehen, um ihnen nicht zuletzt auch dadurch mehr Möglichkeiten der Selbstentfaltung sowie der Entwicklung und Verwirklichung eigener Ideen, Bedürfnisse und Neigungen einzuräumen, und in dem die Neugierde, die Selbständigkeit und die Eigeninitiative der Schüler einen höheren Stellenwert haben, als deren Konformismus an die bestehenden Strukturen, immer auch davon abhängig zu sein, welche Vorstellungen und Zielsetzungen sich hinter dem Begriff "Bildung" verbergen, d.h. welche Bildungsinhalte Bedeutsamkeit haben sollten und als "brauchbar", "nützlich" oder als "notwendig" eingeschätzt werden. Es scheint mir, als würden diese Vorstellungen über die Ziele, Inhalte und Methoden von (schulischer) Bildung derzeit vor allem von der Überzeugung beherrscht bzw. beeinflußt zu sein, daß unsere Gesellschaft zur Sicherung ihres Lebensstandards eine gut funktionierende Wirtschaft benötigen würde und von daher auch eine qualitativ "gute" Schule brauche, in der die Lernenden (Schüler, Auszubildende, Studenten etc.) die notwendigen Fähigkeiten erwerben und darauf vorbereitet werden sollen, um das Überleben dieser Wirtschaftsordnung langfristig zu sichern, den Wirtschaftsstandard zu garantieren sowie das Wirtschaftswachstum weiter voranzutreiben, so als würden die wirtschaftlichen Verhältnisse alleine bestimmend dafür sein, was Lebensstandard oder Lebensqualität letztendlich für jeden Einzelnen ausmacht und bedeutet. Unter Bildung wird meiner Ansicht nach zu einseitig die fachwissenschaftliche Ausbildung Jugendlicher verstanden, bei der es vor allem um die Anhäufung von fachgebundenem, zumeist isoliert voneinander dargebotenem Wissen geht, und das vor allem unter ökonomischen Kosten-Nutzen-Gesichtspunkten ausgewählt wird. In Diskussionen über die Notwendigkeit von Reformbestrebungen im Bildungswesen habe ich Bildungsforscher und -politiker häufig argumentieren hören, daß sie Veränderungen von Schule angesichts des wirtschaftlichen Erfolges, den wir in der BRD aufzuweisen haben, im Grunde genommen gar nicht für notwendig erachten, es sei denn, um perspektivisch die Wirtschaftsproduktion weiterhin auf hohem Niveau zu halten oder sie gar noch zu steigern. Nicht zuletzt auch deshalb hat das Bildungswesen der BRD auf internationaler Ebene immer noch einen sehr guten Ruf. Zugegeben: In der Skala wirtschaftlicher Erfolge und Produktionen sind wir Deutschen seit geraumer Zeit (wieder) mit an der Weltspitze und wir haben dies nicht zuletzt auch unseren Schulen und Hochschulen zu verdanken, die in beträchtlichem Ausmaß mit dazu beigetragen haben, ihre Schüler, Studenten, Auszubildenden etc. mit einem hohen Qualitätsstandard an fachlichem Wissen zu entlassen. Doch wird jeder halbwegs kritische Beobachter auch feststellen müssen, daß es uns trotz wirtschaftlichen Wachstums und wirtschaftlicher Erfolge sowie trotz der ständigen Zunahme des schon reichhaltigen Angebots an Konsumgütern, die sich in unserer westlichen Zivilisation mehr denn je Menschen leisten können, nicht automatisch auch besser geht, sondern in vielerlei Hinsicht sogar weitaus schlechter. Man denke dabei beispielsweise nur an die Zunahme des Autoverkehrs und an die daraus resultierenden ökologischen Probleme sowie an den damit einhergehenden Zynismus, wenn wir unsere Kinder bei ungünstigen Wetterlagen (Ozonalarm; Wintersmog) nicht mehr nach draußen schicken dürfen, während der Autoverkehr weiterhin rollt. Man denke aber auch an die Zunahme allergischer Erkrankungen oder immunologischer Defekte sowie an die heutige Inzidenzrate von Krebs, verglichen mit der vor etwa zehn Jahren. All dies haben wir nicht zuletzt vor allem unserem Wirtschaftswachstum zu verdanken, auch wenn dies vielerorts verleugnet wird; und die Zukunftsperspektiven sehen nicht sehr viel besser aus! Lebensstandard oder Lebensqualität kann anscheinend nicht gleichgesetzt werden mit wirtschaftlichem Wachstum und mit wirtschaftlicher Potenz, d.h. mit der Menge an verfügbaren Konsumgütern und mit der Optimierung von Produktionsverhältnissen und -prozessen. Unser gegenwärtiges, vor allem materialistisch geprägtes Wirtschaftssystem ist allerdings immer noch fest davon überzeugt, daß der Umfang des jährlich erreichten Konsums den Lebensstandard bestimmt und man ist daher stets darum bemüht, ein Maximums an Konsum mit einem Optimum an Produktionsmitteln zu verwirklichen. Der Mensch wird dabei reduziert auf den Verbraucher, den Konsumenten, dem man im Grunde genommen mehr verspricht, als man tatsächlich halten kann und dem suggeriert wird, seine individuelle Glückseligkeit hänge davon ab, ob er xy besitze, nach xy reise oder eine bestimmte Automarke fahren würde. Erst vor wenigen Wochen erschien in der Frankfurter Rundschau eine dreiseitige Anzeige der Deutschen Bank zu dem Titel *"Lebensstandard ist kein Ersatz für Lebenssinn"*, in dem ein Referat von Prof. H. Küng über *"Arbeit und Lebenssinn angesichts von Wertewandel und Orientierungskrise"* abgedruckt ist (siehe FR vom 15. Nov. 1994). Für mich ein erstes Anzeichen dafür, daß traditionelle Wirtschaftswissenschaftler erkannt haben, in welcher Krise ihre Fachdisziplin steckt, da sie sich in der Vergangenheit zu wenig mit den tatsächlichen gesellschaftlichen Problemen auseinandergesetzt und sich den Wertediskussionen weitgehend entzogen hat.

Doch was haben diese Ausführungen mit dieser Studie zu tun? Ich frage mich, ob nicht mehr und kritischer darüber nachgedacht werden sollte, Schulen von wirtschaftlichen und politischen Interessen stärker zu trennen, als dies angesichts ihrer derzeitigen Strukturierung und Organisation sowie angesichts ihrer inhaltlichen Orientierung den Anschein hat, der Fall zu sein. Zumindest darf Schule ihren Schwerpunkt nicht darauf setzen, eine Generation heranzuziehen, die die in der Vergangenheit gemachten Fehler wiederholt oder gar weiter vorantreibt, und die vor allem zur Sicherung der wirtschaftlichen Verhältnisse in ihrer derzeit bestehenden Form Sorge tragen sollen. Um der vermeintlichen Sackgasse zu entrinnen, in der wir uns derzeit befinden und die uns das Gefühl der Enge im Sinne von Angst mehr und mehr bewußt erleben läßt, bedarf es vielmehr einer Schülergeneration, die zum kritischen Nachdenken über das "Warum", "Wozu" und "Wohin" angeleitet wird. Die enge Verzahnung von Politik und Wirtschaft und die nicht zu übersehende Tatsache, daß wirtschaftliche Interessen viele unserer Lebensbereiche maßgeblich (mit-) bestimmen, birgt die Gefahr in sich, daß auch die Schulen zu sehr davon beeinflußt, gesteuert und geprägt werden und daß sich Schulen in ihren Inhalten und ihrer Konzeption zu sehr daran orientieren. Es geht dabei nicht um ein Plädoyer gegen die Vermittlung fachwissenschaftlichen Wissens in den Schulen und auch nicht darum, Schulen vom gesamtgesellschaftlichen Geschehen, d.h. auch von den wirtschaftlichen Gegebenheiten zu isolieren; das wäre mit Sicherheit fatal. Vielmehr soll auf das "verflachte" Verständnis von (schulischer) Bildung und auf offensichtliche Mängel in der einseitigen inhaltlichen Orientierung von Schule aufmerksam gemacht und dazu angeregt werden, die Rolle und den Satus öffentlicher Schulen unter den derzeitigen Gegebenheiten kritisch und ggf. neu zu reflektieren. Versteht man beispielsweise unter "Bildung" etwa "Schöpfung", "Verfertigung", "Bildnis" oder "Gestalt(en)" (siehe Duden Nr. 7), so beinhaltet dies weitaus mehr als nur fachwissenschaftliche Bildung. Es weist auf einen eher holistischen, ganzheitlichen und umfassenderen Ansatz schulischer Bildung und auf die enge Verkettung aller Dinge unseres Lebens hin, wie dies in neueren Theorien über die Organisation und das Funktionieren komplexer Systeme zum Ausdruck gebracht wird (vgl. z.B. Capra 1992). Im Vordergrund allen politischen, wirtschaftlichen und gesellschaftlichen Handelns und Planens sollte daher vor allem die Würde des Menschen und die Achtung vor dem Menschen in all seinen Facetten stehen, d.h. vor allem auch das menschliche Wohlbefinden, zu dem eine gesunde Ökologie und ein maßvoller Umgang mit Ressourcen gehört. Welche

Bedeutung diese zugegebenermaßen ideologisch gefärbten Anschauungen über Bildung im Kontext schulischen Geschehens für den einzelnen Schüler haben kann, soll abschließend anhand eines aus einer Broschüre einer privaten Montessori-Schule entnommenen Zitats verdeutlicht werden: *"Denn der geachtete und befreite Mensch wirkt selbst befreiend in seinem Lebensraum. Er achtet den Wert, die Würde der Mitmenschen genauso wie den eigenen Wert, die eigene Würde. Er verletzt diese Würde nicht, indem er andere beherrschen will, politisch oder wirtschaftlich. Die Freiheit gehört allen. Er verletzt diese Würde nicht, indem er sich beherrschen läßt, politisch oder wirtschaftlich. Er will mitbestimmen in dem, was ihn betrifft. Wo das eigene Leben geachtet wird, entwickelt sich ein 'moralischer Sinn', eine Achtung auch den anderen Menschen und der Natur gegenüber"* (Schicker 1992).

Literatur

Amtsblatt des Hessischen Kultusministeriums und des Hessischen Ministeriums für Wissenschaft und Kunst, Teil I. Jahrgang 41, c) Sonstiges. Wiesbaden, den 29. Februar 1988, 60-68 (ISSN 0177-669X),.

Arbeitsgruppe Schüler in Deutschland (1990): Schule, Schüler und Lehrer im Vorfeld der Vereinigung. In: *Pädagogik 42*, 12, 38-43.

Beck, J. (1994): An Schulen und Hochschulen hat es sich aus-gebildet. In. *Frankfurter Rundschau vom 4. August 1994, Nr. 179*, S. 6.

Bohnsack, F. (Hrsg.) (1984): Sinnlosigkeit und Sinnperspektive. Die Bedeutung gewandelter Lebens- und Sinnstrukturen für die Schultheorie. Frankfurt/Main.

Capra, F. (1992): Wendezeit. DTV Sachbuch.

Chase, C. (1986): Two thousand teachers view their profession. In: *The Journal of Educational Research 79, 1*, 12-18.

Coleman, J.S. (1983): Die Zukunft für Kinder und Jugendliche. In: *Schweitzer, F.; Thiersch, H. (Hrsg.): Jugendzeit - Schulzeit*. Weinheim, 55-77.

Du Bois-Reymond, Manuela (1992): Lernen für Europa - die Ohnmacht der (Pflicht-) Schule? In: *Frankfurter Rundschau vom 22. April 1992, Nr. 94*, S. 16.

Duden Nr. 7 (1989): Das Herkunftswörterbuch. Meyers Lexikonverlag.

Eckerle, Gudrun-Anne; Kraak, B. (1993): Selbst- und Weltbilder von Schülern und Lehrern. Hogrefe.

Elbing, E.; Dietrich, G. (1982): Lehrerurteile zu Aspekten ihrer Berufssituation. Auswertungsbericht Teil 1. Institut für empirische Pädagogik und Pädagogische Psychologie der Universität München.

Fauser, P.; Schweitzer, F. (1983): Schule und Jugend in der modernen Gesellschaft. Zu den Ergebnissen des Symposiums. In: *Schweitzer, F.; Thiersch, H. (Hrsg.): Jugendzeit - Schulzeit*. Weinheim, 177 ff.

Feuck, J. (1994): Eine Schule läßt das Leben von draußen herein. Öffnung als pädagogisches Programm; Erste Erfahrungen mit dem neuen hessischen Gesetzt. In *Frankfurter Rundschau vom 1. Dezember 1994, Nr. 279,* Seite 6.

Flitner, A.; Thiersch, H. (1983): Vorwort. In: *Schweitzer, F.; Thiersch, H. (Hrsg.), Jugendzeit - Schulzeit.* Weinheim, 7-9.

Graudenz, Ines; Randoll, D. (1992): Schule im Urteil von Abiturienten. Ergebnisse einer Befragung von jungen Erwachsenen über ihre Schule. Forschungsbericht aus der Abteilung Psychologie. Deutsches Institut für Internationale Pädagogische Forschung. Frankfurt/Main.

Graudenz, Ines; Randoll, D. (1993): Schule im Urteil von Abiturienten. In: *Nachrichten der Gesellschaft zur Förderung Pädagogischer Forschung, 1/1993,* 17 - 20.

Graudenz, Ines; Randoll, D. (1994): Was wollen Schülerinnen und Schüler heute? Erfahrungen mit und Erwartungen an Schule aus der Sicht von Abiturienten. Erste Ergebnisse einer Befragung von Schülerinnen und Schülern aus den alten Bundesländern, einem neuen Bundesland und aus Dänemark. In: *Döbrich, P.; Rutz, G. (Hrsg.): Turbulenzen im deutschen Schulwesen. GFPF-Materialien Nr. 29, Schloßstr. 29, 60486 Frankfurt/Main,* S. 38 - 57.

Gudjons, H. (1990): Lehrer-ent-Lastung. Heftthema (6 Aufsätze). In: *Pädagogik 42, 10,* 4-37

Hagstädt, H.; Hildebrandt-Nielshon, M. (1980): Schüler beurteilen Schule. Düsseldorf.

Von Hentig, H. (1993): Die Schule neu denken. Hanser Verlag.

Hirsch, Gertrude; Ganguillet, G.; Trier, U.P. (1990): Wege und Erfahrungen im Lehrerberuf. Haupt. Bern, Stuttgart.

Hurrelmann, K. (1980): Erfassung von Alltagstheorien bei Lehrern und Schülern. In: *Lenzen, D. (Hrsg.): Pädagogik und Alltag. Stuttgart,* 45-61.

Hurrelmann, K. (1983): Schule als alltägliche Lebenswelt im Jugendalter. In: *Schweitzer, F.; Thiersch, H. (Hrsg.): Jugendzeit - Schulzeit.* Weinheim, 30-57.

Hurrelmann, K. (1988): Schule wozu? Wie Jugendliche ihren wichtigen Arbeitsplatz wahrnehmen. In: *Pädagogik 40, 3,* 33-44.

Hurrelmann, K. (1990): Die Rolle der Schule im sozialen Unterstützungswerk Jugendlicher. In: *Deutsche Schule 4,* 426-438.

Hurrelmann, K. (1991): Schülerstreß - Lehrerstreß. In: *Erziehungskunst 55, 2,* 135-143; Heft 4, 336-347.

Küng, H. (1994): Arbeit und Lebenssinn angesichts von Wertewandel und Orientierungskrise. In: *Frankfurter Rundschau Nr. 266 vom 15. November 1994;* Anzeige der Deutschen Bank.

Littig, K.-E. (1980): Berufzufriedenheit von Lehrern. In: *Zeitschrift für empirische Pädagogik 4, 4,* 225-243.

Petri, H. (1992): Umweltzerstörung und die seelische Entwicklung unserer Kinder.

Randoll, D. (in Vorbereitung): Schule im Urteil von Abiturienten und ihren Lehrern.

Raum und Zeit (1994): Jurist schlägt Alarm: Sind unsere Schulen Verfassungswidrig? Nr. 67, S. 13 - 18.

Richter, H.E. (1992): Umgang mit Angst. Hofmann und Campe 1992.

Rogers, C.R. (1979): Lernen in Freiheit. München, 3. Auflage.

Schicker, M. (1992): Die Pädagogik Maria Montessoris. Inning.

Schweitzer, F.; Thiersch, H. (1983): Jugendzeit - Schulzeit. Weinheim, Basel.

Seelig, G.F.; Wendt, W. (1993): Lehrerbelastung. In: *Pädagogik 1,* S. 30 - 32.

Weishaupt, H.; Zedler, P. (1993): Schulstrukturwandel in Thüringen. Ergebnisse einer Befragung von Schülern, Eltern und Lehrern in der Stadt Erfurt. Erfurter Studien zur Entwicklung des Bildungswesens. Band 1. Pädagogische Hochschule Erfurt.

Ziehe, T. (1984): "Ich bin heute wohl wieder unmotiviert..." - Zum heutigen Selbstbild von Schülern und Lehrern - In: *Bohnsack, F. (Hrsg.): Sinnlosigkeit und Sinnperspektive. Die Bedeutung gewandelter Lebens- und Sinnstrukturen für die Schultheorie.* Frankfurt/Main, 116-133.

ANHANG

Deutsches Institut für Internationale Pädagogische Forschung
Schloss Str. 29
D-60486 Frankfurt/Main 90 Germany
Dr. Dirk Randoll

LEHRERFRAGEBOGEN

Wahrnehmung von Schule aus der Sicht von Lehrerinnen und Lehrern

Im Rahmen eines am Deutschen Institut für Internationale Pädagogische Forschung bearbeiteten Forschungsprojekts sind wir daran interessiert zu erfahren, wie Lehrerinnen/Lehrer und Schüler aus der gymnasialen Oberstufe Schule und ihre Zeit in der Schule wahrnehmen und beurteilen. Was bedeutet Schule für Sie als Lehrer/in, was sehen Sie positiv, was negativ, was können Sie sich anders vorstellen? Ihre Meinung ist uns wichtig, um Anregungen für Veränderungen von Schule oder für die Verbesserung schulrelevanter Aspekte zu erhalten. Wir würden uns freuen, wenn Sie sich trotz des umfangreichen Fragebogens Zeit nehmen würden, diesen zu bearbeiten. Über Kommentare (siehe die letzte leere Seite) zu einzelnen Fragen oder auch zu ganz anderen Gesichtspunkten, die Ihnen noch wichtig erscheinen, würden wir uns freuen. Die Anonymität Ihrer Daten ist selbstverständlich gewährleistet.

Vielen Dank für Ihre Mitarbeit!

I URTEIL ÜBER SCHULE

Nachfolgend geht es um die Einschätzung verschiedener Aussagen zur Schule. Geben Sie bitte durch Ankreuzen an, inwieweit Sie die jeweilige Aussage für sich als zutreffend bzw. als nicht zutreffend empfinden, wenn Sie an Ihre Zeit in der Schule und an Schüler in der gymnasialen Oberstufe denken.

	trifft zu	trifft eher zu	weder noch	trifft eher nicht zu	trifft nicht zu
1. Ich fühle mich in meiner Schule wohl	☐	☐	☐	☐	☐
2. Ich finde es gut, daß Mädchen und Jungen zusammen unterrichtet werden	☐	☐	☐	☐	☐
3. Es stört mich, wenn jemand schlecht über die Schule spricht, an der ich unterrichte	☐	☐	☐	☐	☐
4. Die Beziehung zu meinen Schülern empfinde ich als partnerschaftlich	☐	☐	☐	☐	☐
5. Ich fühle mich durch Schule (Unterrichtsvorbereitungen, Korrigieren von Arbeiten etc.) in meiner Freizeit sehr eingeschränkt	☐	☐	☐	☐	☐
6. Meiner Meinung nach ist Schule zu einseitig auf Leistung ausgerichtet	☐	☐	☐	☐	☐
7. Ich fühle mich den Anforderungen in der Schule häufig nicht gewachsen	☐	☐	☐	☐	☐
8. Wenn ich heute nochmal wählen könnte, würde ich einen anderen Beruf ergreifen als den der Lehrerin/des Lehrers	☐	☐	☐	☐	☐
9. Noten/Punkte sind ein Ansporn, mehr zu leisten	☐	☐	☐	☐	☐

	trifft zu	trifft eher zu	weder noch	trifft eher nicht zu	trifft nicht zu
10. Die Schulzeit bis zum Abitur sollte verkürzt werden					
11. Ich bin gerne Lehrerin/Lehrer					
12. Ich kann mich in die Gedanken und Gefühle meiner Schüler einfühlen					
13. Meiner Meinung nach wird in der Schule zuviel Wissen vermittelt, das ohne Bezug zu den gegenwärtigen Interessen der Schüler steht					
14. Ich habe oft das Gefühl, etwas sinnvolleres machen zu wollen, als in der Schule zu arbeiten					
15. Ich kann bei wichtigen schulischen Entscheidungen Einfluß nehmen					
16. Durch zuviele Reglementierungen und Vorschriften fühle ich mich in meiner Arbeit als Lehrerin/Lehrer eingeschränkt					
17. Ich fühle mich als Lehrerin/Lehrer in der Schule nur einseitig gefordert					
18. Meiner Meinung nach kommen leistungsschwache Schüler in der Schule zu kurz					
19. Eine Schule ohne Noten/Punkte kann ich mir nicht vorstellen					
20. Für viele Befürchtungen, Ängste und Probleme der Schüler habe ich kein Verständnis					

	trifft zu	trifft eher zu	weder noch	trifft eher nicht zu	trifft nicht zu
21. Gesellschaftlich relevante Themen (z.B. Frieden, Abrüstung, atomare Bedrohung, Umwelt) haben im Unterricht einen zu geringen Stellenwert	☐	☐	☐	☐	☐
22. Ich kann gut mit persönlichen Problemen von Schülern umgehen	☐	☐	☐	☐	☐
23. Ich finde die meisten Lerninhalte in der Schule sinnvoll	☐	☐	☐	☐	☐
24. Ich glaube, die Ängste, Befürchtungen und Sorgen meiner Schüler zu kennen	☐	☐	☐	☐	☐
25. Schulisches Lernen ohne Noten/Punkte wäre meiner Meinung nach sinnvoller	☐	☐	☐	☐	☐
26. Für mich ist es das Wichtigste, meinen Schülern fachliche Kenntnisse zu vermitteln	☐	☐	☐	☐	☐
27. Ich habe den Anspruch, Schüler zu erziehen	☐	☐	☐	☐	☐
28. Ich habe für Schüler Vorbildcharakter	☐	☐	☐	☐	☐
29. Ich arbeite mit meinen Kolleginnen und Kollegen eng zusammen (z.B. um mich bei Prüfungsterminen oder bei fächerübergreifenden Themen abzusprechen)	☐	☐	☐	☐	☐
30. Ich trete für die Interessen meiner Schüler ein (z.B. verteidige sie gegenüber Kolleginnen/ Kollegen)	☐	☐	☐	☐	☐
31. Ich bin für meine Schüler ein verständnisvoller Gesprächspartner	☐	☐	☐	☐	☐

	trifft zu	trifft eher zu	weder noch	trifft eher nicht zu	trifft nicht zu
32. Ich kann gut mit schulischen Problemen meiner Schüler umgehen					
33. Ich bin an den Meinungen, Einstellungen und Gefühlen meiner Schüler interessiert					
34. Ich bin Schülern gegenüber oft unsicher					
35. Ich zeige meinen Schülern gegenüber nicht immer, was ich wirklich denke und fühle					
36. Ich bin daran interessiert, ein freundschaftliches Verhältnis zu Schülern aufzubauen					
37. Ich nehme mir Zeit für Probleme meiner Schüler					
38. Ich sehe mein Fach auch selbstkritisch					
39. Ich bin Schülern gegenüber oft ungeduldig					
40. Ich beteilige Schüler an wichtigen schulischen und unterrichtlichen Belangen					
41. Ich bin für Schüler ein guter Berater, wenn es um schulrelevante Dinge geht (z.B. Fächerwahl)					
42. Ich kann Schülern gegenüber eigene Fehler und Schwächen nur sehr schwer zugeben					
43. Ich bin meinen Schülern gegenüber kompromißbereit					
44. Um Schüler bei der Bewältigung ihrer Ängste, Befürchtungen und Sorgen unterstützen können, fehlen mir die dafür notwendigen Kenntnisse und Erfahrungen					

II SINN UND FUNKTION VON SCHULE

Im folgenden finden Sie eine Reihe von Aussagen zur Funktion bzw. zum Sinn von Schule. Beantworten Sie die Aussagen bitte so, wie Sie meinen, daß sie aus Ihrer Sicht für Schüler **aus der gymnasialen Oberstufe zutreffen** und **für wie wichtig Sie** diese Aussage halten. Beide Antwortmöglichkeiten sind als unabhängig voneinander zu betrachten, das heißt, daß beide Antworten eine jeweils eigenständige Aussage darstellen. **Beispiel**: Wenn Sie es für zutreffend halten, daß Schule ein Ort ist, an dem Schüler selbständiges Arbeiten lernen, dann muß dies nicht gleichzeitig bedeuten, daß Sie das Lernen selbständigen Arbeitens für Schüler auch für wichtig halten.

Schule ist ein Ort, an/zu dem ...	trifft zu	trifft eher zu	weder noch	trifft eher nicht zu	trifft nicht zu	**Als Sinn und Funkion von Schule halte ich das für ...** sehr wichtig	eher wichtig	weder noch	eher unwichtig	völlig unwichtig
45. Schüler unter Mitschülern Freunde finden	☐	☐	☐	☐	☐	☐	☐	☐	☐	☐
46. Schüler lernen, eigene Meinungen und Einstellungen gegenüber anderen zu vertreten	☐	☐	☐	☐	☐	☐	☐	☐	☐	☐
47. Schüler theoretisches Fachwissen (z.B. Vererbungslehre in Biologie) vermittelt bekommen	☐	☐	☐	☐	☐	☐	☐	☐	☐	☐
48. Schüler selbständiges Arbeiten lernen	☐	☐	☐	☐	☐	☐	☐	☐	☐	☐

	trifft zu	trifft eher zu	weder noch	trifft eher nicht zu	trifft nicht zu	sehr wichtig	eher wichtig	weder noch	eher unwichtig	völlig unwichtig
49. Schüler auf das Berufsleben vorbereitet werden	☐	☐	☐	☐	☐	☐	☐	☐	☐	☐
50. Schüler Gedanken und Ideen mit anderen Schülern austauschen	☐	☐	☐	☐	☐	☐	☐	☐	☐	☐
51. bei Schülern unterschiedliche Interessen geweckt werden	☐	☐	☐	☐	☐	☐	☐	☐	☐	☐
52. Schüler Freunde finden, mit denen sie auch außerhalb der Schule zusammen sind	☐	☐	☐	☐	☐	☐	☐	☐	☐	☐
53. Schüler sich zugehörig fühlen	☐	☐	☐	☐	☐	☐	☐	☐	☐	☐
54. Schüler ihre Leistungsfähigkeiten und -grenzen kennenlernen	☐	☐	☐	☐	☐	☐	☐	☐	☐	☐
55. Schüler ein Gemeinschaftsgefühl erleben	☐	☐	☐	☐	☐	☐	☐	☐	☐	☐
56. Schüler sich mit anderen Meinungen und Einstellungen auseinandersetzen	☐	☐	☐	☐	☐	☐	☐	☐	☐	☐
57. Schüler gegenüber Mitschülern Fairneß und Toleranz lernen	☐	☐	☐	☐	☐	☐	☐	☐	☐	☐

	trifft zu	trifft eher zu	weder noch	trifft eher nicht zu	trifft nicht zu	sehr wichtig	eher wichtig	weder noch	eher unwichtig	völlig unwichtig
58. Schüler zum kritischen Denken angeleitet werden	☐	☐	☐	☐	☐	☐	☐	☐	☐	☐
59. Schüler lernen, wie man lernt	☐	☐	☐	☐	☐	☐	☐	☐	☐	☐
60. Schüler lernen, sich an bestimmte Regeln zu halten	☐	☐	☐	☐	☐	☐	☐	☐	☐	☐
61. Schüler einen Schulabschluß erlangen, mit dem sie ihre beruflichen Chancen verbessern	☐	☐	☐	☐	☐	☐	☐	☐	☐	☐
62. die kreativen Fähigkeiten der Schüler gefördert werden	☐	☐	☐	☐	☐	☐	☐	☐	☐	☐
63. Schüler persönliche Probleme/Schwierigkeiten auch mit Lehrern besprechen	☐	☐	☐	☐	☐	☐	☐	☐	☐	☐
64. Schüler praktisches Wissen (z.B. wie man ein Fahrrad repariert) vermittelt bekommen	☐	☐	☐	☐	☐	☐	☐	☐	☐	☐
65. Schüler lernen, ein gewisses Maß an Belastungen auszuhalten	☐	☐	☐	☐	☐	☐	☐	☐	☐	☐

	trifft zu	trifft eher zu	weder noch	trifft eher nicht zu	trifft nicht zu	sehr wichtig	eher wichtig	weder noch	eher unwichtig	völlig unwichtig
66. Schüler mit verschiedenen Weltsichten vertraut gemacht werden										
67. Schüler eine positive Lernhaltung vermittelt bekommen										
68. Schüler sich für die schulische Gemeinschaft und das Schulleben mitverantwortlich fühlen										
69. Schüler lernen, sich mehrheitlichen Meinungen und Entscheidungen zu fügen										
70. Schüler Hilfe und Unterstützung erwarten können										
71. Schüler Anerkennung durch Lehrer erfahren										
72. Schüler Mitsprache- und Mitgestaltungsrechte haben										
73. Schüler sich selbst besser kennenlernen										
74. Schüler lernen, mit Konkurrenzsituationen unter Schülern umzugehen										

	trifft zu	trifft eher zu	weder noch	trifft eher nicht zu	trifft nicht zu	sehr wichtig	eher wichtig	weder noch	eher unwichtig	völlig unwichtig
75. Schüler die Erfahrung machen, daß es im Leben vor allem auf Leistungen ankommt	☐	☐	☐	☐	☐	☐	☐	☐	☐	☐
76. Schüler Wissen vermittelt bekommen, das sie für ihr späteres Berufsleben gebrauchen können	☐	☐	☐	☐	☐	☐	☐	☐	☐	☐
77. Schüler lernen, sich in die Gedanken und Gefühle ihrer Mitschüler einzufühlen	☐	☐	☐	☐	☐	☐	☐	☐	☐	☐
78. Schüler auch dann Unterstützung erfahren, wenn sie einer Aufgabe nicht gewachsen sind	☐	☐	☐	☐	☐	☐	☐	☐	☐	☐
79. Schüler lernen, mit Mitschülern gemeinsam etwas zu erarbeiten	☐	☐	☐	☐	☐	☐	☐	☐	☐	☐
80. Schüler eigene Ideen und Bedürfnisse verwirklichen können	☐	☐	☐	☐	☐	☐	☐	☐	☐	☐
81. Schüler lernen, sich ein eigenes Urteil über einen Sachverhalt zu bilden	☐	☐	☐	☐	☐	☐	☐	☐	☐	☐

	trifft zu	trifft eher zu	weder noch	trifft eher nicht zu	trifft nicht zu	sehr wichtig	eher wichtig	weder noch	eher unwichtig	völlig unwichtig
82. Schüler selbstverantwortlich zu handeln lernen	☐	☐	☐	☐	☐	☐	☐	☐	☐	☐
83. die Spontaneität der Schüler gefördert wird	☐	☐	☐	☐	☐	☐	☐	☐	☐	☐
84. Schüler die Welt mit Hilfe des vermittelten Wissens besser begreifen lernen	☐	☐	☐	☐	☐	☐	☐	☐	☐	☐
85. Schüler lernen, Konflikte gemeinsam mit anderen zu lösen	☐	☐	☐	☐	☐	☐	☐	☐	☐	☐
86. Schüler lernen, Vorurteile zu hinterfragen	☐	☐	☐	☐	☐	☐	☐	☐	☐	☐
87. das Problembewußtsein der Schüler erweitert wird	☐	☐	☐	☐	☐	☐	☐	☐	☐	☐

III LEHRER UND UNTERRICHT

Im folgenden geht es um den Einfluß, den Sie als Lehrerin/Lehrer auf unterschiedliche Aspekte der persönlichen Entwicklung von Schülern aus der gymnasialen Oberstufe haben. Als Lehrerin/Lehrer können Sie durch ihr Verhalten beispielswiese dazu beitragen, daß ein Schüler Freude an einem Unterrichtsfach hat oder Interesse für ein bestimmtes Thema entwickelt. Sie können u.U. aber auch bewirken, daß sich ein Schüler unverstanden fühlt, daß er sich im Unterricht langweilt etc.. Im allgemeinen können Sie Ihren Einfluß in Bezug auf verschiedene Aspekte der persönlichen Entwicklung von Schülern als **günstig** (im Sinne von: "Darauf übe ich einen starken, förderlichen Einfluß aus") oder als eher **gering** ("Mein Einfluß darauf ist eher gering, er liegt außerhalb meines Einflußbereiches") bezeichnen. Bitte schätzen Sie im folgenden den Grad des Einflusses ein, den Sie glauben, als Lehrerin/Lehrer auf Schüler jeweils zu haben.

Ich schätze den Einfluß, den ich als Lehrerin/Lehrer auf Schüler in der gymnasialen Oberstufe habe, wie folgt ein:

Als Lehrerin/Lehrer habe ich einen...

	günstigen Einfluß	eher günstigen Einfluß	weiß ich nicht	geringen Einfluß	keinen Einfluß	
88.	☐	☐	☐	☐	☐	auf das Selbstwertgefühl (i.S. von: "Ich bin etwas wert") der Schüler
89.	☐	☐	☐	☐	☐	auf ihre Fähigkeit, einen Sachverhalt kri tisch zu hinterfragen
90.	☐	☐	☐	☐	☐	auf ihre Fähigkeit, sich selbständig etwas zu erarbeiten

	günstigen Einfluß	eher günstigen Einfluß	weiß ich nicht	geringen Einfluß	keinen Einfluß	
91.	☐	☐	☐	☐	☐	auf ihr Verantwortungsgefühl gegenüber Mitschülern
92.	☐	☐	☐	☐	☐	auf ihre Fähigkeit, sich mit Andersdenken den auseinanderzusetzen
93.	☐	☐	☐	☐	☐	auf das Selbstvertrauen der Schüler (im Sinne von: "Ich kann etwas")
94.	☐	☐	☐	☐	☐	auf eine angemessene Einschätzung der ei genen Fähigkeiten und Schwächen der Schüler
95.	☐	☐	☐	☐	☐	auf ihre kreativen Fähigkeiten
96.	☐	☐	☐	☐	☐	auf das theoretische Fachwissen der Schüler
97.	☐	☐	☐	☐	☐	auf die berufliche Orientierung der Schüler
98.	☐	☐	☐	☐	☐	auf das Interesse der Schüler an der Ausein andersetzung mit gesellschaftspo- litischen Problemen (z.B. Umwelt, atomare Bedrohung)
99.	☐	☐	☐	☐	☐	auf die Lernmotivation der Schüler
100.	☐	☐	☐	☐	☐	auf ihre Fairneß und Toleranz gegenüber Andersdenkenden
101.	☐	☐	☐	☐	☐	auf das praktische Wissen der Schüler
102.	☐	☐	☐	☐	☐	auf ihre Fähigkeit, belastende Situationen in der Schule zu bewältigen
103.	☐	☐	☐	☐	☐	auf das Wohlbefinden der Schüler
104.	☐	☐	☐	☐	☐	auf ihr Erleben von Gemeinschaft

	günstigen Einfluß	eher günstigen Einfluß	weiß ich nicht	geringen Einfluß	keinen Einfluß	
105.	☐	☐	☐	☐	☐	auf ihre Fähigkeit, sich konzentriert und ausdauernd einem bestimmten Sachverhalt zuzuwenden
106.	☐	☐	☐	☐	☐	auf die Fähigkeit der Schüler, auf leistungs schwächere Mitschüler Rücksicht zu nehmen
107.	☐	☐	☐	☐	☐	auf ihren Mut, im Unterricht ihre persönli che Meinung zu sagen
108.	☐	☐	☐	☐	☐	auf die Vermittlung einer sinnvollen Lebensperspektive
109.	☐	☐	☐	☐	☐	auf die Fähigkeit der Schüler, mit Mitschü lern zusammenzuarbeiten
110.	☐	☐	☐	☐	☐	auf ihre Spontaneität im Unterricht
111.	☐	☐	☐	☐	☐	auf ihre Selbstachtung und Selbstakzeptanz
112.	☐	☐	☐	☐	☐	auf die Fähigkeit der Schüler, Konflikte ge meinsam mit anderen zu lösen

sonstiges:..

....

....

....

113. Wenn Sie an Ihre Schüler in der gymnasialen Oberstufe denken, was sehen Sie an ihnen besonders kritisch?

....

....

....

114. Wenn Sie an Ihre Schüler in der gymnasialen Oberstufe denken, was sehen Sie an ihnen besonders positiv?

....

....

....

Nachfolgend finden Sie eine Reihe von Aussagen über Schüler. Wie nehmen Sie das Verhalten von Ihren Schülern aus der gymnasialen Oberstufe wahr? Geben Sie bitte durch Ankreuzen an, ob die folgenden Aussagen aus Ihrer Sicht für "die meisten", "viele" etc. Oberstufenschüler zutreffend sind.

	Die meisten	Viele	Einige	Wenige	
115.	☐	☐	☐	☐	Schüler zeigen im Unterricht Eigeninitiative
116.	☐	☐	☐	☐	Schüler bringen mir Höflichkeit entgegen
117.	☐	☐	☐	☐	Schüler erwarten von mir zu viel
118.	☐	☐	☐	☐	Schüler haben Interesse daran, sich aktiv an schulorganisatorischen Belangen zu beteiligen

	Die meisten	Viele	Einige	Wenige	
119.	☐	☐	☐	☐	Schüler fühlen sich in meine Rolle als Lehrerin/Lehrer ein
120.	☐	☐	☐	☐	Schüler weisen die Schuld von Mißerfolgen und schlechten Noten vorwiegend mir und meinem Unterricht zu
121.	☐	☐	☐	☐	Schüler haben kein Interesse daran, mich in meinem Unterricht zu unterstützen
122.	☐	☐	☐	☐	Schüler sehen in mir als Lehrerin/Lehrer vorrangig den Gegner
123.	☐	☐	☐	☐	Schüler möchten von mir als Lehrerin/Lehrer nicht erzogen werden
124.	☐	☐	☐	☐	Schüler interessieren sich nur für ihr eigenes Fortkommen
125.	☐	☐	☐	☐	Schüler fühlen sich für das Schulleben mitverantwortlich
126.	☐	☐	☐	☐	Schüler wünschen sich, daß der Kontakt zu mir auf schulische Angelegenheiten begrenzt bleibt
127.	☐	☐	☐	☐	Schüler sehen im Mitschüler vorwiegend den Konkurrenten
128.	☐	☐	☐	☐	Schüler sprechen die wenigsten Lerninhalte persönlich an
129.	☐	☐	☐	☐	Schüler lernen im Grunde genommen immer nur vor der nächsten Arbeit
130.	☐	☐	☐	☐	Schüler erleben Schule als rigide Lern- und Leistungsanstalt

	Die meisten	Viele	Einige	Wenige	
131.					Schüler empfinden Schule als Ort, der durch Leistungsdruck und Konkurrenz bestimmt ist
132.					Schüler sagen im Untericht, was sie denken
133.					Schüler lernen nur für Punkte/Noten
134.					Schüler würden an Schule mehr Spaß haben, wenn es keine Noten/Punkte gäbe
135.					Schüler betrachten Schule als notwendige Durchgangsphase, um danach das zu machen, was ihnen gefällt
136.					Schüler fühlen sich in der Schule nur einseitig gefordert
137.					Schüler haben Spaß daran, in der Schule etwas zu lernen
138.					Schüler finden die meisten Lerninhalte in der Schule sinnvoll
139.					Schüler haben das Gefühl, etwas sinnvolleres machen zu wollen, als zur Schule zu gehen
140.					Schüler glauben, daß in der Schule zuviel Wissen vermittelt wird, das ohne Bezug zu ihren gegenwärtigen Interessen steht
141.					Schüler erwarten von mir Fleiß und Pünktlichkeit, nicht aber von sich selbst
142.					Schüler erwarten von mir selbstkritisches Verhalten, nicht aber von sich selbst

143. Wie groß würden Sie den erzieherischen Einfluß einschätzen, den Sie - im Vergleich zu anderen Personen aus dem sozialen Umfeld eines Schülers (z.B. Eltern, Mitschüler, Freunde) - als Lehrer auf Schüler in der gymnasialen Oberstufe haben (......... %; Prozentangabe bezogen auf maximal 100%):

144. Von verschiedenen Personengruppen wird gefordert, daß der erzieherische Einfluß von Lehrern auf Schüler (hier: aus der gymnasialen Oberstufe) zunehmen sollte. Wie ist Ihre Meinung dazu?

Ich stimme dem

☐ zu
☐ eher zu
☐ weder zu noch nicht zu
☐ eher nicht zu
☐ nicht zu

145. Würden Sie gerne mehr erzieherischen Einfluß auf Schüler (hier: aus der gymnasialen Oberstufe) haben?

☐ Ja
☐ Nein

IV SCHULISCHE BELASTUNGEN

Schule stellt Sie als Lehrerin/Lehrer immer wieder vor neue Aufgaben und Anforderungen. Manche davon werden Sie sicher als belastend erleben. Welche Aspekte von Schule empfinden Sie persönlich als belastend? Bitte nennen Sie mindestens fünf Aspekte schulischer Belastung:

1.
....
....

2.
....
....

3.
....
....

4.
....
....

5.
....
....

6.
....
....

7.
....
....

8.
....
....

BEMERKUNGEN:

....
....

<u>Angaben zu Ihrer Person</u>

Alter: .... Jahre

Geschlecht: ☐ männlich
☐ weiblich

Ich bin seit .... Jahren im Schuldienst tätig.

Ich unterrichte die folgenden Fächer/Fächerkombinationen:

....

....

....

....

....

....

Ergebnisse zu den geschlossenen Fragen

URTEIL ÜBER SCHULE	Lehrer-West					Lehrer-Ost				
I. Akzeptanz von Schule; Identifizierung mit Schule und Beruf	+	-	+/-	x	s	+	-	+/-	x	s
1. Ich fühle mich in meiner Schule wohl	**88**	6	4	1,63	0,9	**91**	2	5	1,47	0,75
3. Es stört mich, wenn jemand schlecht über die Schule spricht, an der ich unterrichte	**68**	16	16	2,17	1,24	**83**	10	7	1,64	1,14
7. Ich fühle mich den Anforderungen in der Schule häufig nicht gewachsen	**9**	82	6	4,24	1,08	**5**	89	7	4,37	0,95
8. Wenn ich heute nochmal wählen könnte, würde ich einen anderen Beruf ergreifen als den der Lehrerin/des Lehrers	**20**	74	6	3,91	1,37	**26**	67	9	3,71	1,54
11. Ich bin gerne Lehrerin/Lehrer	**92**	5	3	1,5	0,85	**90**	10	0	1,42	0,67
14. Ich habe oft das Gefühl, etwas sinnvolleres machen zu wollen, als in der Schule zu arbeiten	**15**	77	8	3,97	1,18	**17**	75	7	4,1	1,31
17. Ich fühle mich als Lehrerin/Lehrer in der Schule nur einseitig gefordert	**16**	69	14	3,89	1,23	**15**	73	12	4	1,17
II. Zeit in der Schule										
5. Ich fühle mich durch Schule (Unterrichtsvorbereitungen, Korrigieren von Arbeiten etc.) in meiner Freizeit sehr eingeschränkt	**50**	32	16	2,72	1,36	**47**	34	17	2,84	1,42
10. Die Schulzeit bis zum Abitur sollte verkürzt werden	**20**	76	3	4,12	1,46	**30**	69	9	3,59	1,65
III. Soziale Beziehungen unter Schülern										
2. Ich finde es gut, daß Mädchen und Jungen zusammen unterrichtet werden	**95**	3	2	1,22	0,67	**97**	4	0	1,15	0,66

Legende: +: trifft zu/trifft etwas zu; -: trifft nicht zu/trifft nicht ganz zu; +/-: weder noch; x: Mittelwert; S: Standardabweichung

	Lehrer-West					Lehrer-Ost				
IV. Schulische Leistungen	+	-	+/-	x	s	+	-	+/-	x	s
6. Meiner Meinung nach ist Schule zu einseitig auf Leistung ausgerichtet	**41**	43	15	3,09	1,33	**52**	36	10	2,66	1,36
9. Noten/Punkte sind ein Ansporn, mehr zu leisten	**73**	12	15	2,17	0,99	**82**	8	9	1,83	1,08
18. Meiner Meinung nach kommen leistungsschwache Schüler in der Schule zu kurz	**35**	56	8	3,3	1,39	**42**	32	20	2,8	1,34
V. Noten/Punkte										
19. Eine Schule ohne Noten/Punkte kann ich mir nicht vorstellen	**61**	32	7	2,47	1,51	**79**	19	2	1,88	1,34
25. Schulisches Lernen ohne Noten/Punkte wäre meiner Meinung nach sinnvoller	**21**	64	14	3,76	1,25	**8**	83	9	4,22	1,04
VI. Identifizierung mit Lerninhalten bei Schülern										
13. Meiner Meinung nach wird in der Schule zuviel Wissen vermittelt, das ohne Bezug zu den gegenwärtigen Interessen der Schüler steht	**46**	34	19	2,78	1,18	**47**	39	14	2,86	1,28
21. Gesellschaftlich relevante Themen (z.B. Frieden, Abrüstung, atomare Bedrohung, Umwelt) haben im Unterricht einen zu geringen Stellenwert	**28**	59	13	3,47	1,29	**24**	63	14	3,53	1,24
23. Ich finde die meisten Lerninhalte in der Schule sinnvoll	**62**	14	20	2,38	0,96	**80**	12	9	2,02	0,94
VII. Einfluß und Mitsprache										
15. Ich kann bei wichtigen schulischen Entscheidungen Einfluß nehmen	**42**	43	14	3,02	1,33	**36**	50	15	3,25	1,25
16. Durch zuviele Reglementierungen und Vorschriften fühle ich mich in meiner Arbeit als Lehrerin/Lehrer eingeschränkt	**52**	37	10	2,77	1,33	**46**	45	9	2,98	1,49

Legende: +: trifft zu/trifft etwas zu; -: trifft nicht zu/trifft nicht ganz zu; +/-: weder noch; x: Mittelwert; S: Standardabweichung

	Lehrer-West					Lehrer-Ost				
VIII. Lehrer-Schüler-Beziehung	+	-	+/-	x	s	+	-	+/-	x	s
4. Die Beziehung zu meinen Schülern empfinde ich als partnerschaftlich	**81**	6	12	1,96	0,86	**95**	2	4	1,54	0,65
28. Ich habe für Schüler Vorbildcharakter	**71**	7	21	2,09	0,94	**50**	2	32	2,07	0,86
26. Für mich ist es das Wichtigste, meinen Schülern fachliche Kenntnisse zu vermitteln	**41**	39	20	3,02	1,16	**67**	20	10	2,37	1,1
36. Ich bin daran interessiert, ein freundschaftliches Verhältnis zu Schülern aufzubauen	**77**	6	16	1,91	0,94	**95**	4	2	1,46	0,77
XI. psychologisch-pädagogische Fähigkeiten										
12. Ich kann mich in die Gedanken und Gefühle meiner Schüler einfühlen	**82**	4	13	2,03	0,73	**98**	0	2	1,54	0,54
20. Für viele Befürchtungen, Ängste und Probleme der Schüler habe ich kein Verständnis	**9**	85	7	4,18	0,96	**2**	97	0	4,8	0,52
22. Ich kann gut mit persönlichen Problemen von Schülern umgehen	**76**	6	18	2,09	0,81	**41**	17	42	1,84	0,84
24. Ich glaube, die Ängste, Befürchtungen und Sorgen meiner Schüler zu kennen	**68**	12	19	2,32	0,85	**80**	3	15	2,03	0,7
32. Ich kann gut mit schulischen Problemen meiner Schüler umgehen	**83**	3	10	1,98	0,69	**87**	0	9	1,66	0,64
37. Ich nehme mir Zeit für Probleme meiner Schüler	**91**	3	6	1,73	0,71	**81**	2	5	1,59	0,68
41. Ich bin für Schüler ein guter Berater, wenn es um schulrelevante Dinge geht (z.B. Fächerwahl)	**73**	8	17	2,07	0,88	**69**	7	19	2,07	0,87
44. Um Schüler bei der Bewältigung ihrer Ängste, Befürchtungen und Sorgen unterstützen können, fehlen mir die dafür notwendigen Kenntnisse und Erfahrungen	**32**	50	16	3,21	1,23	**27**	59	12	3,64	1,36

	Lehrer-West					Lehrer-Ost				
XII. Akzeptanz der Schülerpersönlichkeit	+	-	+/-	x	s	+	-	+/-	x	s
33. Ich bin an den Meinungen, Einstellungen und Gefühlen meiner Schüler interessiert	**97**	0	3	1,4	0,58	**98**	2	0	1,29	0,56
30. Ich trete für die Interessen meiner Schüler ein (z.B. verteidige sie gegenüber Kolleginnen/Kollegen)	**83**	3	14	1,91	0,72	**74**	2	20	1,86	0,81
31. Ich bin für meine Schüler ein verständnisvoller Gesprächspartner	**91**	0	6	1,87	0,54	**90**	0	7	1,65	0,61
XIII. Selbstkritisches Verhalten										
38. Ich sehe mein Fach auch selbstkritisch	**92**	3	3	1,47	0,74	**100**	0	0	1,31	0,46
42. Ich kann Schülern gegenüber eigene Fehler und Schwächen nur sehr schwer zugeben	6	86	9	4,1	0,88	**15**	80	5	4,05	1,04
XIV. Lehrerverhalten und -persönlichkeit										
34. Ich bin Schülern gegenüber oft unsicher	7	89	4	4,27	0,87	**12**	82	7	4,19	1,06
35. Ich zeige meinen Schülern gegenüber nicht immer, was ich wirklich denke und fühle	**40**	49	10	3,07	1,28	**31**	54	12	3,39	1,26
43. Ich bin meinen Schülern gegenüber kompromißbereit	**84**	5	10	1,9	0,82	**89**	10	1	1,92	1,02
39. Ich bin Schülern gegenüber oft ungeduldig	**28**	57	14	3,44	1,18	**28**	48	14	3,49	1,29
XV. Lehrer und Unterricht										
40. Ich beteilige Schüler an wichtigen schulischen und unterrichtlichen Belangen	**66**	14	19	2,35	0,96	**80**	5	10	1,8	0,84

Legende: +: trifft zu/trifft etwas zu; -: trifft nicht zu/trifft nicht ganz zu; +/-: weder noch; x: Mittelwert; S: Standardabweichung

sonstiges	Lehrer-West					Lehrer-Ost				
	+	-	+/-	x	s	+	-	+/-	x	s
27. Ich habe den Anspruch, Schüler zu erziehen	**83**	8	9	1,88	0,95	**88**	3	9	1,69	0,77
29. Ich arbeite mit meinen Kolleginnen und Kollegen eng zusammen (z.B. um mich bei Prüfungsterminen oder bei fächerübergreifenden Themen abzusprechen)	**60**	23	15	2,5	1,11	**90**	5	3	1,53	0,8

Legende: +: trifft zu/trifft etwas zu; -: trifft nicht zu/trifft nicht ganz zu; +/-: weder noch; x: Mittelwert; S: Standardabweichung

SINN UND FUNKTION VON SCHULE										
	Lehrer-West					Lehrer-Ost				
I. Freundschaft und Gemeinschaftsgefühl	+	w	d	x	s	+	w	d	x	s
45. Schüler unter Mitschülern Freunde finden	**89**	89		1,57	0,79	**92**	90	-2	1,4	0,72
52. Schüler Freunde finden, mit denen sie auch außerhalb der Schule zusammen sind	**83**	80	-3	1,73	0,82	**89**	72	- 17	1,66	0,88
53. Schüler sich zugehörig fühlen	**61**	80	19	2,34	1,02	**71**	86	15	1,96	1
55. Schüler ein Gemeinschaftsgefühl erleben	**61**	85	24	2,27	1	**85**	93	8	1,78	0,76
68. Schüler sich für die schulische Gemeinschaft und das Schulleben mitverantwortlich fühlen	**36**	92	56	2,94	1,16	**44**	46	2	2,66	0,98
II. Unterstützung										
63. Schüler persönliche Probleme/Schwierigkeiten auch mit Lehrern besprechen	**39**	73	34	2,91	1,1	**58**	55	-3	2,5	1,08
70. Schüler Hilfe und Unterstützung erwarten können	**59**	90	31	2,45	1,03	**81**	95	14	1,93	0,72
71. Schüler Anerkennung durch Lehrer erfahren	**64**	91	27	2,26	0,92	**83**	93	10	1,83	0,86
78. Schüler auch dann Unterstützung erfahren, wenn sie einer Aufgabe nicht gewachsen sind	**51**	90	39	2,64	1,1	**68**	93	25	2,2	1,06
III. Persönlichkeitsförderung (Denken, Lernen, Handeln)										
46. Schüler lernen, eigene Meinungen und Einstellungen gegenüber anderen zu vertreten	**80**	95	15	1,78	0,91	**95**	89	-6	1,41	0,7
48. Schüler selbständiges Arbeiten lernen	**60**	96	36	2,26	1,14	**82**	90	8	1,76	1,03
51. bei Schülern unterschiedliche Interessen geweckt werden	**72**	90	18	2	1	**86**	71	-15	1,68	0,8
54. Schüler ihre Leistungsfähigkeiten und -grenzen kennenlernen	**75**	82	7	1,97	0,93	**77**	73	-4	1,79	1,02
58. Schüler zum kritischen Denken angeleitet werden	**69**	94	25	2,16	1,09	**73**	86	13	1,95	1,08

	Lehrer-West					Lehrer-Ost				
	+	w	d	x	s	+	w	d	x	s
59. Schüler lernen, wie man lernt	**54**	94	40	2,44	1,11	**81**	77	-4	1,85	0,98
62. die kreativen Fähigkeiten der Schüler gefördert werden	**41**	92	51	2,84	1,1	**70**	75	5	2,22	1
65. Schüler lernen, ein gewisses Maß an Belastungen auszuhalten	**76**	85	9	2,17	0,96	**78**	70	-8	1,98	0,92
67. Schüler eine positive Lernhaltung vermittelt bekommen	**43**	92	49	2,72	1,08	**56**	64	8	2,27	0,94
73. Schüler sich selbst besser kennenlernen	**56**	86	30	2,4	1,07	**73**	58	-15	2,05	0,78
80. Schüler eigene Ideen und Bedürfnisse verwirklichen können	**32**	81	49	3,04	1,08	**56**	78	22	2,51	1,07
81. Schüler lernen, sich ein eigenes Urteil über einen Sachverhalt zu bilden	**71**	97	28	2,18	0,97	**79**	88	9	2,02	0,92
82. Schüler selbstverantwortlich zu handeln lernen	**45**	97	52	2,63	1,14	**78**	88	10	2,12	0,99
83. die Spontaneität der Schüler gefördert wird	**26**	80	54	3,14	1,12	**30**	66	36	3,04	1,04
86. Schüler lernen, Vorurteile zu hinterfragen	**70**	98	28	2,17	0,94	**55**	79	24	2,49	0,97
87. das Problembewußtsein der Schüler erweitert wird	**79**	96	17	1,98	0,92	**73**	72	-1	2,1	0,99
IV. Wissen										
47. Schüler theoretisches Fachwissen vermittelt bekommen	**93**	86	-7	1,32	0,6	**95**	82	-13	1,16	0,59
64. Schüler praktisches Wissen vermittelt bekommen	**7**	32	25	4,1	0,94	**33**	61	28	3,13	1,16
66. Schüler mit verschiedenen Weltsichten vertraut gemacht werden	**81**	95	14	1,98	0,92	**85**	93	8	1,88	0,87
84. Schüler die Welt mit Hilfe des verm. Wissens besser begreifen lernen	**70**	95	25	2,26	1,03	**83**	97	14	1,91	0,86

	Lehrer-West					Lehrer-Ost				
V. Beruf	+	w	d	x	s	+	w	d	x	s
49. Schüler auf das Berufsleben vorbereitet werden	**27**	61	34	3,27	1,22	**58**	84	26	2,24	1,1
61. Schüler einen Schulabschluß erlangen, mit dem sie ihre beruflichen Chancen verbessern	**90**	82	-8	1,59	0,71	**90**	87	-3	1,4	0,65
76. Schüler Wissen vermittelt bekomme, das sie für ihr späteres Berufsleben gebrauchen können	**37**	52	15	2,98	1,09	**63**	85	22	2,36	1,06
VI. Soziales Lernen										
50. Schüler Gedanken und Ideen mit anderen Schülern austauschen	**84**	92	8	1,74	0,84	**93**	83	-10	1,63	0,83
56. Schüler sich mit anderen Meinungen und Einstellungen auseinandersetzen	**83**	95	12	1,8	0,8	**94**	86	-8	1,57	0,6
57. Schüler gegenüber Mitschülern Fairneß und Toleranz lernen	**56**	95	39	2,36	1,09	**79**	82	3	2,02	0,94
60. Schüler lernen, sich an bestimmte Regeln zu halten	**73**	87	14	2,08	0,92	**83**	58	-25	1,88	0,93
69. Schüler lernen, sich mehrheitlichen Meinungen und Entscheidungen zu fügen	**68**	84	16	2,24	0,92	**61**	54	-5	2,38	0,93
72. Schüler Mitsprache- und Mitgestaltungsrechte haben	**59**	86	27	2,41	1,04	**76**	81	5	2,1	0,92
77. Schüler lernen, sich in die Gedanken und Gefühle ihrer Mitschüler einzufühlen	**47**	85	38	2,67	1,05	**55**	54	-1	2,48	0,94
79. Schüler lernen, mit Mitschülern gemeinsam etwas zu erarbeiten	**55**	93	38	2,56	1,08	**75**	85	10	2,05	0,96
85. Schüler Konflikte gemeinsam mit anderen lösen lernen	**48**	93	45	2,56	1,06	**55**	81	26	2,58	1,05
VII. Lehrer-Schüler-Beziehung										
63. Schüler persönliche Probleme/Schwierigkeiten auch mit Lehrern besprechen	**39**	73	34	2,91	1,1	**58**	55	-3	2,5	1,08
71. Schüler Anerkennung durch Lehrer erfahren	**64**	91	27	2,26	0,92	**83**	93	10	1,83	0,86

	Lehrer-West					Lehrer-Ost				
Sonstiges	**+**	**w**	**d**	**x**	**s**	**+**	**w**	**d**	**x**	**s**
74. Schüler lernen, mit Konkurrenzsituationen unter Schülern umzugehen	**69**	78	9	2,22	0,95	**77**	57	-20	2,1	0,91
75. Schüler die Erfahrung machen, daß es im Leben vor allem auf Leistungen ankommt	**62**	38	-24	2,36	1,01	**78**	59	-19	1,95	0,98

Legende: +: trifft zu/trifft etwas zu; w: das halte ich für sehr wichtig/ wichtig; d: Differenz aus "+" zu "w"; x: Mittelwert aus "+"; s: Standardabweichung aus "+".

LEHREREINFLUSS														
Als LehrerIn habe ich einen ... Einfluß	**Lehrer-West**							**Lehrer-Ost**						
I. Persönlichkeits-förderung	++ 1	+ 2	- 4	-- 5	+/- 3	x̄	s	++ 1	+ 2	- 4	-- 5	+/- 3	x̄	s
95. auf ihre kreativen Fähigkeiten	7	25	36	4	26	3,1	1,1	24	34	24	0	17	2,4	1,1
99. Lernmotivation	10	44	18	1	24	2,5	0,9	20	54	9	0	14	2,1	0,8
103. Wohlbefinden	8	32	20	4	34	2,8	1	10	29	24	5	29	2,8	1,1
94. angemessene Einschätzung eigener Fähigkeiten	9	55	15	1	17	2,4	0,9	20	46	12	0	17	2,2	0,9
102. ihre Fähigkeit, belastende Situationen i.d. Schule zu bewältigen	9	33	29	3	25	2,8	1	7	34	29	2	17	2,8	1
107. ihren Mut, im Unterricht ihre persönliche Meinung zu sagen	32	54	6	0	6	1,9	0,8	37	49	10	0	3	1,9	0,9
108. die Vermittlung einer sinnvollen Lebensperspektive	6	25	32	8	25	3,1	1,1	12	42	32	3	5	2,7	1,2
110. auf ihre Spontaneität im Unterricht	13	35	21	3	26	2,7	1,1	15	46	15	0	17	2,3	0,9
II. UMGANG MIT WISSEN														
89. Sachverhalt kritisch zu hinterfragen	26	60	5	0	7	1,9	0,8	29	44	9	0	19	2,1	0,9
90. selbständig etwas zu erarbeiten	17	59	11	0	11	2,2	0,8	37	48	9	0	7	1,9	0,9
98. Interesse an Auseinandersetzung mit gesellschaftlichen Problemen	14	49	19	3	12	2,5	1	27	46	20	0	5	2,2	1,1
105. Konzentration auf einen Sachverhalt	6	44	26	3	19	2,8	1	14	61	12	0	7	2,2	0,8
III. WISSEN; LERNEN														
96. theoretisches Wissen	37	52	3	0	6	1,7	0,7	46	46	3	0	3	1,6	0,7
101. praktisches Wissen	9	32	40	7	9	3,1	1,2	17	29	29	5	17	2,7	1,2

	Lehrer-West							Lehrer-Ost						
VI. SOZIALES LERNEN u. FÄHIGKEITEN	++ 1	+ 2	- 4	-- 5	+/- 3	x	s	++ 1	+ 2	- 4	-- 5	+/- 3	x	s
91. Verantwortungsgefühl gegenüber Mitschülern	16	34	21	0	27	2,6	1	22	42	20	0	10	2,3	1,1
92. Auseinandersetzung mit Andersdenkenden	16	50	12	0	20	2,3	0,9	19	46	24	0	10	2,4	1,1
100. Fairneß und Toleranz gegenüber Mitschülern	15	45	18	0	20	2,5	1	20	46	22	0	10	2,3	1,1
104. ihr Erleben von Gemeinschaft	9	36	25	4	25	2,8	1	14	48	15	0	20	2,4	0,9
106. Rücksichtnahme auf Leistungsschwächere	6	45	27	1	19	2,7	1	9	59	15	2	15	2,4	0,9
109. Zusammenarbeit mit Mitschülern	7	51	17	0	21	2,6	0,9	25	53	10	0	12	2,1	0,9
112. gemeinsame Konfliktlösung mit Mitschülern	8	42	20	1	27	2,7	0,9	15	34	19	0	32	2,5	1
IV. BERUF														
97. berufliche Orientierung	3	17	37	15	26	3,4	1	3	17	42	7	29	3,3	1

Legende: Als Lehrer/in habe ich einen ... ++: günstigen; +: eher günstigen; --: eher keinen; -: keinen Einfluß auf ...; +/-: weiß nicht; x: Mittelwert; s: Standardabweichung

LEHRER ÜBER SCHÜLER

	Lehrer-W						Lehrer-O					
1. Mitgestaltung; Mitverantwortung	**1**	**2**	**3**	**4**	**x**	**s**	**1**	**2**	**3**	**4**	**x**	**s**
115. Schüler zeigen im Unterricht Eigeninitiative	1	13	60	26	3,1	0,7	0	20	59	17	3	0,6
118. Schüler haben Interesse daran, sich aktiv an schulorganisatorischen Belangen zu beteiligen	0	5	33	62	3,6	0,6	3	7	42	39	3,3	0,8
125. Schüler fühlen sich für das Schulleben mitverantwortlich	1	7	37	54	3,5	0,7	3	9	42	39	3,3	0,8
2. Einstellungen gegenüber Lehrern												
116. Schüler bringen mir Höflichkeit entgegen	48	38	9	4	1,7	0,8	54	37	5	2	1,5	0,7
117. Schüler erwarten von mir zu viel	2	9	23	63	3,5	0,8	3	7	24	49	3,4	0,8
119. Schüler fühlen sich in meine Rolle als Lehrerin/Lehrer ein	5	19	38	34	3,1	0,9	12	9	31	36	3	1
120. Schüler weisen die Schuld von Mißerfolgen und schlechten Noten vorwiegend mir und meinem Unterrricht zu	1	9	31	57	3,5	0,7	0	7	24	61	3,6	0,6
121. Schüler haben kein Interesse daran, mich in meinem Unterricht zu unterstützen	3	12	37	48	3,3	0,8	0	5	41	44	3,4	0,6
122. Schüler sehen in mir als Lehrerin/Lehrer vorrangig den Gegner	0	1	15	82	3,8	0,5	2	0	9	76	3,8	0,5
126. Schüler wünschen sich, daß der Kontakt zu mir auf schulische Angelegenheiten begrenzt bleibt	16	25	32	24	2,7	1	9	17	37	27	2,9	0,9
141. Schüler erwarten von mir Fleiß und Pünktlichkeit, nicht aber von sich selbst	9	28	40	22	2,8	0,9	5	29	39	22	2,8	0,9
142. Schüler erwarten von mir selbstkritisches Verhalten, nicht aber von sich selbst	7	26	41	25	2,8	0,9	7	19	51	19	2,9	0,8

	Lehrer-W						Lehrer-O					
3. Schulische Leistungen	**1**	**2**	**3**	**4**	**x**	**s**	**1**	**2**	**3**	**4**	**x**	**s**
129. Schüler lernen im Grunde genommen immer nur vor der nächsten Arbeit	21	51	23	3	2,1	0,7	20	42	32	2	2,8	0,7
130. Schüler erleben Schule als rigide Lern- und Leistungsanstalt	6	40	35	19	2,7	0,9	9	42	27	15	2,5	0,9
131. Schüler empfinden Schule als Ort, der durch Leistungsdruck und Konkurrenz bestimmt ist	9	45	32	12	2,5	0,8	15	37	29	14	2,4	0,9
133. Schüler lernen nur für Punkte/Noten	12	63	22	3	2,2	0,7	15	59	19	5	2,1	0,7
134. Schüler würden an Schule mehr Spaß haben, wenn es keine Noten/Punkte gäbe	8	24	40	25	2,8	0,9	12	34	22	20	2,6	1
4. Identifizierung mit Lerninhalten												
128. Schüler sprechen die wenigsten Lerninhalte persönlich an	9	43	35	10	2,5	0,8	3	29	48	14	2,8	0,7
136. Schüler fühlen sich in der Schule nur einseitig gefordert	6	33	46	13	2,7	0,8	0	20	51	15	2,9	0,7
137. Schüler haben Spaß daran, in der Schule etwas zu lernen	3	26	59	10	2,8	0,7	2	25	58	10	2,8	0,6
138. Schüler finden die meisten Lerninhalte in der Schule sinnvoll	2	23	51	22	3	0,8	2	36	36	15	2,7	0,8
139. Schüler haben das Gefühl, ewas sinnvolleres machen zu wollen, als zur Schule zu gehen	3	24	46	24	2,9	0,8	0	15	54	22	3,1	0,6
4. Schüler-Schüler-Beziehung												
124. Schüler interessieren sich nur für ihr eigenes Fortkommen	11	42	33	12	2,5	0,8	9	32	37	17	2,7	0,9
127. Schüler sehen im Mitschüler vorwiegend den Konkurrenten	4	26	45	24	2,9	0,8	0	2	41	53	3,5	0,5
140. Schüler glauben, daß in der Schule zu viel Wissen vermittelt wird, das ohne Bezug zu ihren gegenwärtigen Interessen steht	13	51	32	4	2,3	0,7	9	46	36	3	2,4	0,7

	Lehrer-W						Lehrer-O					
sonstiges	**1**	**2**	**3**	**4**	**x**	**s**	**1**	**2**	**3**	**4**	**x**	**s**
123. Schüler möchten von mir als Lehrerin/Lehrer nicht erzogen werden	14	23	30	28	2,8	1	9	10	34	31	3	1
132. Schüler sagen im Unterricht, was sie denken	19	38	35	9	2,3	0,9	36	32	22	9	2	1
135. Schüler betrachten Schule als notwendige Durchgangsphase, um danach das zu machen, was ihnen gefällt	23	40	32	4	2,2	0,8	27	41	15		2,7	0,9

Legende: 1: Die meisten; 2: Viele; 3: Einige; 4: Wenige; x: Mittelwert; s: Standardabweichung

Ergebnisse zu den offenen Fragen

Frage 113/114: *"Wenn Sie an ihre Schüler aus der gymnasialen Oberstufe denken, was sehen Sie an Ihnen besonders kritisch/positiv?"* (N-Aussagen)

INHALTSKATEGORIE	Lehrer-West		Lehrer-Ost	
	kritisch	positiv	kritisch	positiv
1. Schülerpersönlichkeit				
Kreativität	13	3	2	1
"Null-Bock-Mentalität"	11	0	2	0
Orientierungslosigkeit	11	0	5	0
Konformismus vs. kritisch	10	19	0	23
Oberflächlichkeit	6	0	3	0
Mutlosigkeit vs. mutig	4	11	1	0
Überheblichkeit, Selbstüberschätzung vs. Realitätssinn	4	9	8	0
Spontaneität	3	4	1	1
Selbständigkeit	3	17	1	0
Selbstvertrauen	3	2	2	0
Opportunismus	2	0	0	0
Schleimertum	2	0	0	0
Idealismus	2	0	0	0
verschlossen vs. aufgeschlossen, Offenheit	2	70	1	19
Persönlichkeit/Charaktere	1	0	1	0
Selbstbewußtsein	1	16	0	6
Resignation	1	0	0	0
Aggressivität	0	0	1	0
Summe Persönlichkeit	**79**	**151**	**28**	**50**

(Fortsetzung)	Lehrer-West		Lehrer-Ost	
INHALTSKATEGORIE	**kritisch**	**positiv**	**kritisch**	**positiv**
2. selbstkritisch. Verhalten	**18**	**0**	**0**	**0**
3. Identifiz. mit Schule	**17**	**0**	**1**	**0**
4. Lernen; Wissen; Denken				
Interesse an Inhalten und Fach	39	15	4	6
Lernen und Fächerwahl nur wegen Noten/Punkten	33	0	7	0
Konzentration und Ausdauer	21	17	5	5
Arbeitsverhalten und -einstellung	21	0	6	0
Lernmotivation	19	16	8	14
(Allgemein-) Wissen	16	4	2	2
kritisches Denken	15	6	1	0
sprachliche Kompetenz	2	0	2	0
Summe Lernen; Wissen	**166**	**58**	**35**	**27**
5. schulische Leistungen				
Leistungsbereitschaft	34	14	12	15
Belastbarkeit	15	0	2	0
Leistungsvermögen und -niveau	10	6	1	0
Summe schul. Leistungen	**59**	**20**	**15**	**15**
6. schulisches Engagement				
allgem. Engagement	23	12	2	0
Eigeninitiative; Passivität	16	0	1	0
(Mit-) Verantwortung	8	1	2	0
Summe Engagement	**47**	**13**	**5**	**0**

(Fortsetzung)	Lehrer-West		Lehrer-Ost	
INHALTSKATEGORIE	**kritisch**	**positiv**	**kritisch**	**positiv**
7. soziales Verhalten				
Egoismus, Individualismus	23	0	0	0
Gemeinschaftsgefühl, Solidarität	21	29	6	4
Konkurrenzdenken und -verhalten	10	0	1	0
Toleranz gegenüber Andersdenkenden	4	8	3	0
Summe soziales Verhalten	**58**	**37**	**10**	**4**
8. politisches Engagement	**9**	**19**	**3**	**3**
9. Konsum- und Anspruchsdenken; materielle Orientierung	**60**	**0**	**1**	**0**
10. Zuverlässigkeit	**5**	**0**	**4**	**0**
11. Alkohol-, Drogen- und Zigarettenkonsum	**3**	**0**	**0**	**0**
12. Lehrer-Schüler-Bez.	**0**	**19**	**0**	**4**
12. Sonstiges	**29**	**17**	**6**	**4**

V: *"Welche Aspekte von Schule empfinden Sie persönlich als belastend?"*

INHALTSKATEGORIE	L.-West (N=236)		L.-Ost (N=55)	
	Aussagen	%-Anteil	Aussagen	%-Anteil
1. Allgem. Arbeitsbedingungen				
Schulbürokratie; Verwaltungsarbeiten	111		25	
zu große Kurse- und Klassen	62		10	
Sach- und finazielle Ausstattung	53		38	
Konferenzen	30		4	
Stundeneinteilung; 45-Minutentakt	25		1	
Einschränkungen des pädagog. Handlungsspielraums; kein pädag. Freiraum; Kluft zwischen eigenem Anspruch und Wirklichkeit	23		3	
Vertretungsstunden	20		1	
zu hohes Stundendeputat	16		2	
zu wenig Pausen	7			
zu früher Unterrichtsbeginn	5			
Stoffülle und Lehplangestaltung	5		4	
organisatorische Mängel	3			
Summe Arbeitsbedingungen	**360**	**31,9**	**88**	**41,04**
2. Schüler				
Arbeitseinstellung (z.B. desinteressiert, faul, unmotiviert) und -verhalten (z.B. unkonzentriert)	51		3	
Schülerprobleme; Disziplien	49			
die für das Gymnasium ungeeigneten Schüler	24		4	

INHALTSKATEGORIE	L.-West (N=236)		L.-Ost (N=55)	
Fortsetzung **"Schüler"**	**Aussagen**	**%-Anteil**	**Aussagen**	**%-Anteil**
laute, hektische und unruhige Klassen	18		6	
mangelnde Unterstützung seitens der Schüler	4			
ständige Diskussionen mit Schülern	4		4	
Summe Schüler	**150**	**13,3**	**17**	**8**
3. Eltern				
Elterngespräche und -abende	9		3	
fehlende Unterstützung und Mitarbeit der Eltern	9			
zu hohe Erwartungen der Eltern	8			
Konflikte mit Eltern	8		2	
Summe Eltern	**34**	**3**	**5**	**2,4**
4. Kollegium				
Lustlosigkeit, Resignation, Lithargie und mangelnde Einsatzbereitschaft der Kollegen; Burn Out bei Kollegen	36		3	
schlechtes Klima im Kollegium	14		2	
mangelnde Kooperationsbereitschaft und Unterstützung im Kollegium	12			
ungerechte Verteilung der Belastungen im Kollegium	7			
Inkompetenz von Kollegen	6			
Überalterung	5			
Unflexibilität	3			
kein fachl.-päd. Austausch	3			
Summe Kollegium	**86**	**7,6**	**5**	**2,4**

INHALTSKATEGORIE	L.-West (N=236)		L.-Ost (N=55)	
	Aussagen	%-Anteil	Aussagen	%-Anteil
5. Schulleitung				
mangelnde Unterstützung	16		1	
zu wenig Mitsprache und Einflußmöglichkeiten	3		3	
Summe Schulleitung	**19**	**1,7**	**4**	**1,9**
6. Unterrichtsarbeit				
Korrekturen, die Zeit kosten	118		27	
Notengebung	44		6	
wenig Zeit, auf Schüler (-probleme) einzugehen	27		4	
Vorbereitungszeit und -aufwand	26		11	
außerschulische Aktivitäten (z.B. Freizeiten)	25			
ständig präsent und erzieherisch tätig sein zu müssen	13			
allgem. Überforderung im Unterricht (z.B. ständig wechselnde Lerngruppen; ständig viele Dinge gleichzeitig tun)	12			
kaum Zeit zur Themenvertiefung	10			
Einseitigkeit in der Arbeit	6			
wenig Zeit zur Reflexion der eigenen Arbeit	3			
Summe Unterrichtsarbeit	**284**	**25,2**	**48**	**22,6**
7. Zeit i.a.				
Termin- und Zeitdruck bzw. allgem. Zeitnot	23			
nie Feierabend, nie richtig abschalten können	7		1	
Summe Zeit	**30**	**2,7**	**1**	**0,5**

INHALTSKATEGORIE	L.-West (N=236)		L.-Ost (N=55)	
	Aussagen	%-Anteil	Aussagen	%-Anteil
8. mangelnde Fort- und Weiterbildungsmöglichkeiten	**13**	**1,2**		
9. Lehrerrolle; Auftrag des Lehrers; Image der Schule und des Lehrerberufes				
Verunsicherung aufgrund des negativen gesellschaftlichen Image des Lehrerberufes; fehlende erlebte soziale/gesell. Unterstützung	15		14	
negatives Image des Gymnasiums	11			
Schule als Reparaturbetrieb	10			
Einzelkämpfertum	6			
Summe Lehrerrolle etc.	**42**	**3,7**	**14**	**6,6**
10. Beförderungsbedingungen und -aussichten	**9**	**0,8**		
11. Schulpolitische Fehlentscheidungen	**23**	**2**		
12. allgem. Frustrationen				
Hilflosigkeit bei der Bewältigung von Schülerproblemen; "erreiche Schüler nicht"	8			
Gefühl, nie genügend getan zu haben; ständig schlechtes Gewissen	7		1	
allgem. Mißerfolgserlebnisse	5			
Summe allgem. Frustrationen	**20**	**1,8**	**1**	**0,5**
13. Arbeitsplatzunsicherheit			**5**	**2,4**
14. Sonstiges	**58**	**5,1**	**24**	**11,3**

INHALTSKATEGORIE	[illegible] (N=[illegible])		[illegible] (N=[illegible])	
	Nennungen	% Anteil	Nennungen	% Anteil
8. mangelnde [illegible] Mehrfachbelastung [illegible]	4	1,[illegible]		
9. Lehrerrolle [illegible] Lehrer [illegible] des Lehrerberufes				
Verunsicherung [illegible] negatives [illegible] image des Lehrerberufes [illegible] Unterstützung	[illegible]		11	
negatives Image [illegible] Gymnasiums	11			
Schule als Reparatur[illegible]	11			
Einzelkämpfertum	6			
Summe [illegible]	42	3,[illegible]	14	6,6
10. Leitlinien [illegible] und [illegible]	9	0,8		
11. Schulpolitische Fehlentscheidungen	23	2		[illegible]
12. allgem. Arbeitsbedingungen				
Hilflosigkeit [illegible] Schülerzahl [illegible] Schülerzahl"	3			
Gefühl, die [illegible] haben, als die [illegible]	7		1	
sonstige [illegible]	[illegible]			[illegible]
Summe [illegible]	10	0,9	1	0,5
13. Arbeits[illegible]			[illegible]	2,4
14. Sonstiges	38	3,4	24	11,4

In der Reihe Studien zur Pädagogischen Psychologie
sind erschienen:

Band 18
Bedingungen für Schulerfolg
Zusammenhänge zwischen
Schülermerkmalen, häuslicher
Umwelt und Schulnoten
von Rolf Kühn

Band 19
Der diagnostische Prozeß
Eine Diskussion
psychologischer und methodischer
Randbedingungen
von Reinhold S. Jäger

Band 20
Diagnostische Urteilsbildung in der Psychologie
Grundlagen und Anwendungen
hrsg. von Reinhold S. Jäger,
Axel Mattenklott und
Rolf-Dieter Schröder

Band 21
Berufliche Motivation und berufliches Verhalten
Zur Frage geschlechtstypischer
Unterschiede
von Bernhard Kraak und
Dietlinde Nord-Rüdiger

Band 22
Einstellungen und Handeln
Neue Sicht eines alten Problems
von Sabine Lindenlaub

Band 23
Ausbildungsreform Psychologie
Argumente • Standpunkte •
Forderungen
hrsg. von Wolfgang Michaelis
und Egon Stephan

Band 24
Handlungsleitende Kognitionen von Lehrern
Instrumentalitätstheoretische
Vorhersagen pädagogischer
Präferenzen
von Günter Krampen

Band 25
Psychological Testing: The Examinee Perspective
hrsg. von Baruch Nevo und
Reinhold S. Jäger

Band 26
Erziehungsberatung
Zur Theorie und Methodik
Ein Beitrag aus der Praxis
von Ingrid Flügge

Band 27
Entwicklung politischer Handlungsorientierungen im Jugendalter
von Günter Krampen

Band 28
Educational and Psychological Testing: The Test Taker's Outlook
edited by Baruch Nevo and Reinhold S. Jäger

Band 29
Lehrer lernen sich selbst besser kennen
von Ines Graudenz

Band 30
Selbst- und Weltbilder von Schülern und Lehrern
von Gudrun-Anne Eckerle und Bernhard Kraak

Band 31
Schulsituationen
Erfahrungen mit Unterricht, Schülern und Lehrern
– psychologisch kommentiert –
von Gudrun-Anne Eckerle